स्टीव जॉब्स

एक प्रेरणदाई व्यक्तित्व : INFO EDGE BIOGRAPHIES

इन्फो एज हिन्दी

Copyright © Info Edge
All Rights Reserved.

This book has been published with all efforts taken to make the material error-free after the consent of the author. However, the author and the publisher do not assume and hereby disclaim any liability to any party for any loss, damage, or disruption caused by errors or omissions, whether such errors or omissions result from negligence, accident, or any other cause.

While every effort has been made to avoid any mistake or omission, this publication is being sold on the condition and understanding that neither the author nor the publishers or printers would be liable in any manner to any person by reason of any mistake or omission in this publication or for any action taken or omitted to be taken or advice rendered or accepted on the basis of this work. For any defect in printing or binding the publishers will be liable only to replace the defective copy by another copy of this work then available.

क्रम-सूची

भूमिका	v
1. प्रारम्भिक जीवन	1
2. शिक्षा	6
3. शुरुवाती करिअर	10
4. एप्पल	13
5. एप्पल से बाहर	22
6. एप्पल में वापसी	27
7. अंतिम समय	32
8. निजी जीवन	39
धन्यवाद	45

भूमिका

स्टीवन पॉल जॉब्स (24 फरवरी, 1955 - 5 अक्टूबर, 2011) एक अमेरिकी व्यापार दूरदर्शी, डिजाइनर, उद्योग आइकन, मीडिया के मालिक और वित्तीय समर्थक थे। वह Apple के प्रमुख समर्थक, कार्यकारी और सीईओ थे; पिक्सर के कार्यकारी और बड़े हिस्से के निवेशक; पिक्सर की खरीद के बाद वॉल्ट डिज़नी कंपनी के शासी निकाय का एक व्यक्ति; और नेक्स्ट के अग्रणी, निदेशक और सीईओ हैं। उन्हें मोटे तौर पर 1970 और 1980 के दशक की पीसी उथल-पुथल के अग्रदूत के रूप में माना जाता है, उनके प्रारंभिक सहयोगी और व्यक्तिगत Apple साथी दाता स्टीव वोज्नियाक के साथ।

सैन फ्रांसिस्को में एक सीरियाई पिता और एक जर्मन-अमेरिकी मां के लिए व्यवसायों को दुनिया में लाया गया था, दुनिया में उनके परिचय के तुरंत बाद जॉब्स को ले लिया गया था। उसी वर्ष बाहर निकलने से पहले 1972 में व्यवसाय रीड कॉलेज में चले गए और 1974 में ज़ेन बौद्ध धर्म पर ध्यान केंद्रित करने और ध्यान केंद्रित करने की तलाश में भारत से गुजरे। उन्होंने और वोज्नियाक ने 1976 में वोज्नियाक के ऐप्पल आई पीसी को बेचने के लिए ऐप्पल की स्थापना में मदद की। साथ में, टीम ने Apple II के साथ इस तथ्य के एक साल बाद विशिष्टता और बहुतायत हासिल की, शायद सबसे पहले असाधारण रूप से उपयोगी कुशलता से निर्मित माइक्रो कंप्यूटर। व्यवसायों ने 1979 में ज़ेरॉक्स ऑल्टो की व्यावसायिक क्षमता देखी, जो माउस से संचालित थी और इसमें ग्राफिकल UI (GUI) था। इसने 1983 में फलहीन ऐप्पल लिसा के सुधार को प्रेरित किया, जो 1984 में अत्याधुनिक मैकिन्टोश से पीछे था, प्रमुख कुशलतापूर्वक एक जीयूआई के साथ पीसी का निर्माण किया। Macintosh ने 1985 में Apple LaserWriter के विस्तार के साथ कार्य क्षेत्र के वितरण उद्योग को प्रस्तुत किया, जो वेक्टर डिजाइनों को उजागर करने के लिए मुख्य लेजर प्रिंटर था।

भूमिका

1985 में संगठन के बोर्ड और उसके तत्कालीन सीईओ जॉन स्कली के साथ नियंत्रण के लिए लंबी लड़ाई के बाद व्यवसायों को Apple से बाहर कर दिया गया था। उसी वर्ष, जॉब्स अपने साथ Apple के कुछ प्रतिनिधियों को NeXT की स्थापना के लिए ले गया, जो एक पीसी स्टेज सुधार संगठन है जिसने उन्नत शिक्षा और व्यावसायिक बाजारों के लिए पीसी पर महत्वपूर्ण समय बिताया। इसके अलावा, उन्होंने विशेष विज़ुअलाइज़ेशन उद्योग को बढ़ावा देने में सहायता की, जब उन्होंने 1986 में जॉर्ज लुकास के लुकासफिल्म के पीसी डिजाइन डिवीजन का समर्थन किया। नया संगठन पिक्सर था, जिसने फिल्म टॉय स्टोरी (1995) सहित प्राथमिक 3D पीसी को जीवंत बनाया, और आगे बढ़ा एक महत्वपूर्ण आजीविका स्टूडियो में बदल गया, तब से उत्तर में 20 फिल्मों की डिलीवरी हो रही है।

नेक्स्ट की संगठन की खरीद के बाद 1997 में व्यवसाय एप्पल के सीईओ बन गए। वह आम तौर पर Apple को पुनर्जीवित करने के लिए उत्तरदायी था, जो लगभग दिवालिया हो चुका था। उन्होंने 1997 में "थिंक यूनिक" को बढ़ावा देने के प्रयास और ऐप्पल स्टोर, ऐप स्टोर, आईमैक, आईपैड, आईपॉड, आईफोन, आईट्यून्स को बढ़ावा देने के साथ शुरू होने वाली वस्तुओं की एक पंक्ति को बढ़ावा देने के लिए अंग्रेजी प्रवर्तक जॉनी इवे के साथ घनिष्ठ रूप से काम किया। और आईट्यून्स स्टोर। 2001 में, नेक्स्ट के नेक्स्टस्टेप चरण के आलोक में, पहले मैक ओएस को नए मैक ओएस एक्स (वर्तमान में मैकओएस के रूप में जाना जाता है) के साथ बदल दिया गया था, जिससे ओएस को दिलचस्प रूप से एक अत्याधुनिक शुरुआती बिंदु दिया गया। व्यवसायों को 2003 में अग्नाशयी न्यूरोएंडोक्राइन विकास के लिए संदर्भित किया गया था। वह 5 अक्टूबर, 2011 को 56 वर्ष की आयु में स्वर्गवासी हो गए।

1

प्रारम्भिक जीवन

“"दूसरों की राय के शोर को अपने भीतर की आवाज को डूबने न दें।"”

स्टीवन पॉल जॉब्स को 24 फरवरी, 1955 को सैन फ्रांसिस्को, कैलिफोर्निया में दुनिया में लाया गया, जोआन कैरोल शिएबल और अब्दुलफत्ताह जंडाली के बच्चे। उन्हें क्लारा (नी हागोपियन) और पॉल रेनहोल्ड जॉब्स द्वारा लिया गया था।

जांडली, जॉब्स के प्राकृतिक पिता, सीरियाई थे और "जॉन" नाम से जाने जाते थे। उन्होंने सीरिया के होम्स में एक अरब मुस्लिम परिवार में बचपन का अनुभव किया। लेबनान में बेरूत के अमेरिकी विश्वविद्यालय में अंडरग्रेजुएट होने के दौरान, वह एक असंतुष्ट असंतुष्ट थे और अपने राजनीतिक अभ्यास के लिए जेल में ऊर्जा का निवेश किया था। उन्होंने एक पीएच.डी. विस्कॉन्सिन विश्वविद्यालय में, जहां उन्होंने शिएबल से मुलाकात की, जो जर्मन और स्विस डुबकी के एक अमेरिकी कैथोलिक थे। एक डॉक्टरेट प्रतियोगी के रूप में, जंडाली एक कोर्स के लिए एक सहयोगी सहयोगी था, जो शिबल ले रहा था, यद्यपि दोनों एक ही उम्र के थे। लेखक मोना सिम्पसन, जॉब्स की स्वाभाविक बहन, ने देखा कि शिएबल के लोग परेशान थे कि उनकी

लड़की एक मुस्लिम से डेटिंग कर रही थी। स्टीव जॉब्स की जीवन कहानी के निर्माता वाल्टर इसाकसन, इसके अलावा व्यक्त करते हैं कि शिएबल के पिता ने "उसे पूरी तरह से हटाने के लिए कदम उठाए" यह मानते हुए कि वह रिश्ते के साथ आगे बढ़ी।

व्यवसायों के सहायक पिता तटरक्षक बल के मरम्मत करने वाले थे। तटरक्षक बल छोड़ने के बाद, उन्होंने 1946 में अर्मेनियाई प्लमेट के एक अमेरिकी हागोपियन से शादी की। हागोपियन के एक्टोपिक गर्भावस्था के बाद परिवार शुरू करने के उनके प्रयासों को रोक दिया गया, जिससे उन्हें 1955 में स्वागत पर विचार करने के लिए प्रेरित किया गया। हागोपियन के लोग अर्मेनियाई पतन के विजेता थे। .

1954 में शिएबल जॉब्स के साथ गर्भवती हो गईं, जब उन्होंने और जंडाली ने होम्स में अपने परिवार के साथ मध्य वर्ष का आनंद लिया। जंडाली के अनुसार, शिएबल ने जानबूझकर उसे मन के उस फ्रेम में शामिल नहीं किया: "मुझे बताए बिना, जोआन बढ़ गया और बच्चे को चुपके से रखने के लिए सैन फ्रांसिस्को चला गया, जिसमें मैं भी शामिल था।"

शिएबल ने 24 फरवरी, 1955 को सैन फ्रांसिस्को में जॉब्स को जन्म दिया, और उनके लिए एक सहायक युगल चुना जो "कैथोलिक, जानकार और समृद्ध" था, फिर भी इस जोड़े ने बाद में अपने दृष्टिकोण को समायोजित किया। तब व्यवसायों को पॉल और क्लारा जॉब्स के साथ तैनात किया गया था, जिनमें से किसी के पास उन्नत डिग्री नहीं थी, और शिएबल रिसेप्शन पेपर पर हस्ताक्षर नहीं करेंगे। उस समय, उसने अपने बच्चे को एक वैकल्पिक परिवार के साथ स्थापित करने की कोशिश कर मामले पर मुकदमा चलाया, और बच्चे की उन्नत डिग्री के लिए भुगतान करने की कसम खाने के बाद बस पॉल और क्लारा को बच्चे को देने के लिए सहमत हो गई। व्यवसायों के चचेरे भाई, जनवरी के साथ रहता है कि जॉब्स का मूल नाम अब्दुल लतीफ जंडाली था।

बचपन में स्टीव के लोग उन्हें लूथरन चर्च ले गए। उस समय जब जॉब्स माध्यमिक विद्यालय में थे, क्लारा ने अपने प्रिय क्रिसैन ब्रेनन को स्वीकार किया कि वह "अपने जीवन के शुरुआती आधे साल के लिए

[स्टीव] को संजोने से बहुत डरती थी ... मुझे डर था कि उन्होंने उसे हटाने की योजना बनाई है। मुझ से। दरअसल, केस जीतने के बाद भी, स्टीव एक बच्चा इतना परेशान था कि जब वह दो साल का था तो मुझे लगा कि हमने एक गलती की है। मुझे उसे वापस करने की जरूरत है। " जब क्रिसैन ने स्टीव को यह टिप्पणी दी, तो उन्होंने व्यक्त किया कि वह उस समय सचेत थे, और बाद में सहमत होंगे कि पॉल और क्लारा द्वारा उन्हें बहुत प्यार और आनंदित किया गया था। इस तथ्य के कई वर्षों बाद, जॉब्स के महत्वपूर्ण अन्य लॉरेन ने भी देखा कि "उनका मानना था कि उन दोनों को अभिभावक के रूप में रखने से उन्हें सम्मानित किया गया था।" जब पॉल और क्लारा को उनके "नए माता-पिता" के रूप में संदर्भित किया जाता था, तो जॉब्स परेशान हो जाते थे; वह उन्हें अपने लोगों के रूप में "1,000%" के रूप में देखता था। अपने प्राकृतिक अभिभावकों के बारे में, जॉब्स ने उन्हें "मेरे शुक्राणु और अंडे का बैंक" कहा।

पॉल जॉब्स ने कुछ पदों पर काम किया जिसमें एक मैकेनिक के रूप में एक प्रयास, कुछ अलग पद शामिल थे, और बाद में "एक इंजीनियर के रूप में कार्य करने के लिए वापस"।

पॉल और क्लारा ने 1957 में जॉब्स की बहन पेट्रीसिया को गले लगा लिया और 1959 तक परिवार कैलिफोर्निया के माउंटेन व्यू में मोंटा लोमा क्षेत्र में आ गया था। यह इस समय के दौरान था कि पॉल ने अपने बच्चे के लिए "यांत्रिकी के लिए अपने स्नेह के साथ गुजरने" के लिए अपने कारपोर्ट में एक कार्यक्षेत्र गढ़ा था। इस बीच, जॉब्स ने अपने पिता के शिल्प कौशल का सम्मान किया "क्योंकि वह जानते थे कि किसी भी चीज़ का निर्माण कैसे किया जाता है। अगर हमें एक ब्यूरो चाहिए, तो वह इसका निर्माण करेंगे। जब उन्होंने हमारी दीवार गढ़ी, तो उन्होंने मुझे एक मैलेट दिया ताकि मैं उनके साथ काम कर सकूं। ... मैं वाहनों को ठीक करने में नहीं था ... फिर भी, मैं अपने पिता के साथ समय बिताने के लिए उत्सुक था।" जब वे दस वर्ष के थे, तब तक जॉब्स हार्डवेयर के साथ गहराई से जुड़े हुए थे और बड़ी संख्या में डिजाइनरों को जानते थे जो इस क्षेत्र में रहते थे। फिर भी, उन्होंने अपनी उम्र के बच्चों से दोस्ती

करने में समस्याओं का अनुभव किया, और उनके सहपाठियों ने उन्हें "वैरागी" के रूप में देखा।

एक पारंपरिक होमरूम में काम करने वाले व्यवसायों ने मुद्दों का अनुभव किया, सामान्य तौर पर, प्राधिकरण के आंकड़ों का विरोध करते थे, अक्सर उपद्रवी हो जाते थे, और एक-दो बार निलंबित कर दिए जाते थे। क्लारा ने उसे एक बच्चे के रूप में पढ़ने के लिए प्रशिक्षित किया था, और जॉब्स ने व्यक्त किया कि वह "स्कूल में बहुत थक गया था और [थोड़ा डर में बदल गया था ... आपको हमें तीसरी कक्षा में देखना चाहिए था, हमने शिक्षक का सफाया कर दिया।" वह कई बार माउंटेन व्यू के मोंटा लोमा एलीमेंट्री स्कूल में दूसरों के साथ छल करता था। उनके पिता पॉल (जिन्हें एक नौजवान के रूप में पीटा गया था) ने कभी भी उनकी आलोचना नहीं की, जैसा कि हो सकता है, और दूसरे विचार पर उनके शानदार बच्चे का परीक्षण न करने के लिए स्कूल को दोष दिया।

व्यवसायों ने बाद में अपने चौथे दर्जे के प्रशिक्षक, इमोजीन "टेडी" हिल को श्रेय दिया, जिसने उन्हें घुमाया: "उसने एक उच्च-स्तरीय चौथी कक्षा को दिखाया और उसे मेरी परिस्थिति में कूल्हे पाने के लिए लगभग एक महीने की आवश्यकता थी। उसने मुझे भुगतान किया सीखने में। वह सहमत होगी, 'मेरा मानना है कि आपको इस अभ्यास पुस्तिका को पूरा करना चाहिए। मैं आपको यह मानकर पांच रुपये दूंगा कि आप इसे पूरा कर लेंगे।' इसने मुझमें चीजों को सीखने के लिए ऊर्जा को प्रोत्साहित किया! मैंने उस वर्ष उससे अधिक सीखा जितना मुझे स्वाभाविक रूप से संदेह है कि मैंने स्कूल में किसी अन्य वर्ष में सीखा है। उनका मानना था कि मुझे अगले दो साल ग्रेड स्कूल में छोड़ देना चाहिए और परिचित होने के लिए सीधे मिडिल स्कूल जाना चाहिए एक अज्ञात बोली लेकिन मेरे लोग चतुराई से इसे काम नहीं करने देंगे।" जॉब्स ने पांचवीं कक्षा को छोड़ दिया और माउंटेन व्यू के क्रिटेंडेन मिडिल स्कूल में छठी कक्षा में चले गए, जहां वे "सामाजिक रूप से ऑफ-किल्टर मावरिक" में बदल गए। क्रिटेंडेन मिडिल में व्यवसायों को अक्सर "परेशान" किया जाता था, और सातवीं कक्षा में, उन्होंने अपने लोगों को एक अंतिम प्रस्ताव दिया: उन्हें या तो उसे क्रिटेंडेन से हटाने की जरूरत थी या वह स्कूल से बाहर

निकल जाएगा।

हालाँकि जॉब्स परिवार अमीर नहीं था, उन्होंने 1967 में अपने सभी आरक्षित फंड को एक और घर खरीदने के लिए शामिल किया, जिससे जॉब्स को स्कूल बदलने की अनुमति मिली। नया घर (लॉस अल्टोस, कैलिफ़ोर्निया में क्रिस्ट ड्राइव पर तीन कमरों वाला घर) बेहतर क्यूपर्टिनो स्कूल डिस्ट्रिक्ट, क्यूपर्टिनो, कैलिफ़ोर्निया में था, और एक ऐसे वातावरण में प्रत्यारोपित किया गया था जो माउंटेन व्यू क्षेत्र की तुलना में डिजाइनिंग परिवारों के साथ काफी अधिक आबादी वाला था। था। 2013 में घर को एक उल्लेखनीय साइट घोषित किया गया था, क्योंकि यह ऐप्पल कंप्यूटर के लिए प्रमुख साइट थी; 2013 के आसपास शुरू हुआ, यह जॉब्स की बहन, पैटी द्वारा दावा किया गया था, और उसकी सौतेली माँ, मर्लिन द्वारा शामिल किया गया था।

2
शिक्षा

> *"अपने दिल और अंतर्ज्ञान का पालन करने का साहस रखें। वे किसी तरह पहले से ही जानते हैं कि आप वास्तव में क्या बनना चाहते हैं। बाकी सब गौण है।"*

लॉस अल्टोस घर के क्षेत्र में निहित है कि जॉब्स के पास स्थानीय होमस्टेड हाई स्कूल में जाने का विकल्प होगा, जिसका सिलिकॉन वैली से ठोस संबंध था। उन्होंने अपने सबसे यादगार वर्ष की शुरुआत 1968 के अंत में बिल फर्नांडीज के साथ की थी। (फर्नांडीज ने स्टीव वोज्नियाक के साथ जॉब्स को परिचित किया, और बाद में एप्पल के सबसे यादगार कार्यकर्ता बन गए।) न तो जॉब्स और न ही फर्नांडीज (जिनके पिता एक कानूनी परामर्शदाता थे) डिजाइनिंग परिवारों से आए थे और इस तरह से जॉन मैक्कलम के "गैजेट्स 1" के लिए साइन अप करना चुना। मैकुलम और अवज्ञाकारी जॉब्स (जिन्होंने अपने लंबे बाल विकसित कर लिए थे और विकासशील गैर-अनुरूपता के साथ जुड़ गए थे) अंततः संघर्ष करेंगे और जॉब्स ने कक्षा में रुचि खोना शुरू कर दिया।

1970 के मध्य के दौरान वह एक बदलाव से गुज़रे: "मुझे दिलचस्प रूप से पत्थरबाजी हुई; मुझे शेक्सपियर, डायलन थॉमस और वह सभी अनुकरणीय सामान मिले। मैंने मोबी डिक को पढ़ा और कम खोजपूर्ण

लेखन कक्षाएं लेने के रूप में वापस आ गया।" जॉब्स ने बाद में अपने आधिकारिक जीवनी लेखक को भी नोट किया कि "मैंने संगीत पर एक टन ध्यान देना शुरू कर दिया, और मैंने विज्ञान और नवाचार से परे और अधिक पढ़ना शुरू कर दिया - शेक्सपियर, प्लेटो। मैंने किंग लियर को प्यार किया ... उस समय जब मैं एक वरिष्ठ था मेरे पास यह सनसनीखेज एपी अंग्रेजी कक्षा थी। शिक्षक वह व्यक्ति था जो अर्नेस्ट हेमिंग्वे प्रतीत होता था। उसने योसेमाइट में हम में से बहुत से लोगों को स्नोशूइंग किया। " होमस्टेड हाई में अपने सबसे हाल के दो वर्षों के दौरान, जॉब्स ने दो अलग-अलग रुचियां बनाईं: गैजेट्स और लेखन। ये दोहरे हित विशेष रूप से जॉब्स के वरिष्ठ वर्ष के दौरान परिलक्षित होते थे क्योंकि उनके सबसे करीबी साथी वोज्नियाक और उनके सबसे यादगार प्रेमी, कल्पनाशील होमस्टेड जूनियर क्रिसैन ब्रेनन थे।

1971 में जब वोज्नियाक ने कैलिफोर्निया विश्वविद्यालय, बर्कले जाना शुरू किया, तो जॉब्स हर हफ्ते एक-दो बार उनसे मिलने जाते थे। इस अनुभव ने उन्हें पड़ोसी स्टैनफोर्ड विश्वविद्यालय के छात्र संघ पर ध्यान केंद्रित करने के लिए प्रेरित किया। इसी तरह व्यवसायों ने निष्कर्ष निकाला कि हार्डवेयर क्लब में शामिल होने के विरोध में, वह होमस्टेड के अत्याधुनिक जैज़ कार्यक्रम के लिए एक साथी के साथ लाइट शो करेंगे। होमस्टेड के एक सहयोगी ने उन्हें "एक प्रकार का मस्तिष्क और एक हिप्स्टर की तरह ... जैसा भी हो सकता है, वह कभी भी एक या दूसरी सभा में फिट नहीं होता है। वह एक गीक होने के लिए पर्याप्त रूप से चतुर था, फिर भी गीकी नहीं था इसके अलावा, वह कट्टरपंथियों के लिए अत्यधिक शिक्षित थे, जिन्हें बस लगातार जलने की जरूरत थी। वह कुछ हद तक बहिष्कृत थे। माध्यमिक विद्यालय में, सब कुछ आप किस झुंड में थे, और इस मौके पर कि आप नहीं थे एक श्रमसाध्य विशेषता वाले झुंड में, आप कोई भी नहीं थे। वह एक व्यक्ति थे, हमारी वर्तमान वास्तविकता में जहां विलक्षणता संदिग्ध थी।" 1971 के अंत में अपने वरिष्ठ वर्ष तक, वह स्टैनफोर्ड में एक ग्रीन बीन अंग्रेजी कक्षा ले रहे थे और क्रिसैन ब्रेनन के साथ एक होमस्टेड भूमिगत फिल्म परियोजना से निपट रहे थे।

उस समय के आसपास, वोज्नियाक ने कम से कम खर्च वाले कम्प्यूटरीकृत "ब्लू बॉक्स" की योजना बनाई, ताकि फोन संगठन को नियंत्रित करने के लिए महत्वपूर्ण स्वर तैयार किए जा सकें, जिससे मुफ्त महत्वपूर्ण दूरी की कॉल की अनुमति मिल सके। व्यवसायों ने तब उन्हें बेचने और वोज्नियाक के साथ लाभ को विभाजित करने का विकल्प चुना। गैरकानूनी ब्लू बॉक्स के गुप्त सौदों ने अच्छे तरीके से काम किया और शायद जॉब्स के दिमाग में यह बीज बो दिया कि गैजेट टॉमफूलरी और उत्पादक दोनों हो सकते हैं। व्यवसायों, ने 1994 की एक बैठक में समीक्षा की कि नीले बक्से को गढ़ने के लिए किसी तरह से हल करने के लिए उसे और वोज्नियाक के लिए आधे साल की आवश्यकता है। व्यवसायों ने बाद में प्रतिबिंबित किया कि वोज्नियाक के नीले बक्से के लिए यह नहीं था, "वहाँ एक सेब कभी नहीं हो सकता था"। उन्होंने कहा कि इससे उन्हें पता चला कि वे बड़े संगठनों को ले सकते हैं और उन्हें हरा सकते हैं।

माध्यमिक विद्यालय के अपने वरिष्ठ वर्ष तक, जॉब्स ने एलएसडी का उपयोग करना शुरू कर दिया। बाद में उन्होंने समीक्षा की कि एक अवसर पर उन्होंने सनीवेल के बाहर एक गेहूं के खेत में इसका सेवन किया, और "उस बिंदु तक मेरे जीवन की सबसे शानदार अनुभूति" का सामना किया। 1972 के मध्य में, स्नातक स्तर की पढ़ाई के बाद और रीड कॉलेज जाने से पहले, जॉब्स और ब्रेनन ने अपने दूसरे फ्लैटमेट, अल से एक घर किराए पर लिया।

सितंबर 1972 में, पोर्टलैंड, ओरेगन में रीड कॉलेज में जॉब्स का चयन किया गया था। उन्होंने केवल रीड के लिए आवेदन करने की मांग की, भले ही यह एक महंगा स्कूल था जिसे पॉल और क्लारा बीमार सहन कर सकते थे। व्यवसायों को बहुत पहले रॉबर्ट फ्रीडलैंड को पता चला, जो उस समय रीड के समझदार निकाय अध्यक्ष थे। ब्रेनन रीड में रहते हुए जॉब्स से जुड़े रहे। बाद में उसने अनुरोध किया कि वह उसके साथ एक घर में आए और उसके साथ रहे, जिसे उसने रीड ग्राउंड के पास पट्टे पर दिया था, हालांकि, उसने अस्वीकार कर दिया।

केवल एक सेमेस्टर के बाद, जॉब्स अपने लोगों को बताए बिना रीड

कॉलेज से बाहर निकल गए। व्यवसायों ने बाद में समझ में आ गया कि उन्होंने बाहर निकलने का फैसला किया क्योंकि वह अपने लोगों के पैसे को टिनिंग पर खर्च नहीं करना चाहते थे जो उनके लिए तुच्छ प्रतीत होता था। वह अपनी कक्षाओं की जांच करने के लिए जाता रहा, जिसमें सुलेख के लिए एक पाठ्यक्रम याद था जिसे रॉबर्ट पल्लाडिनो ने निर्देश दिया था। स्टैनफोर्ड यूनिवर्सिटी में 2005 की शुरुआत में, जॉब्स ने व्यक्त किया कि इस अवधि के दौरान, उन्होंने साथियों के अपार्टमेंट में फर्श पर आराम किया, खाने के पैसे के लिए कोक की बोतलें लौटा दीं, और पास के हरे कृष्णा अभयारण्य में सप्ताह-दर-सप्ताह मुफ्त भोजन प्राप्त किया। उस समकक्ष प्रवचन में, जॉब्स ने कहा: "यह मानते हुए कि मैंने स्कूल में उस एकान्त सुलेख पाठ्यक्रम में कभी नहीं छोड़ा था, मैक के पास कभी भी कई टाइपफेस या अपेक्षाकृत विभाजित पाठ शैलियाँ नहीं हो सकती थीं।"

3
शुरुवाती करिअर

"कभी-कभी जीवन आपके सिर में ईंट से वार करने वाला होता है। विश्वास मत खोना। मुझे विश्वास है कि केवल एक चीज जिसने मुझे आगे बढ़ाया वह यह था कि मैंने जो किया उससे मुझे प्यार था।"

फरवरी 1974 में, जॉब्स लॉस अल्टोस में अपने माता-पिता के घर वापस आ गए और एक कार्य की तलाश शुरू कर दी। वह बहुत पहले अटारी, इंक. द्वारा लॉस गैटोस, कैलिफ़ोर्निया में कार्यरत था, जिसने उसे एक पेशेवर की तरह काम दिया। 1973 में वापस, स्टीव वोज्नियाक ने अनुकरणीय कंप्यूटर गेम पोंग के अपने अनुकूलन की योजना बनाई और जॉब्स को बोर्ड दिया। वोज्नियाक के अनुसार, अटारी ने तब से जॉब्स की भर्ती की थी जब से उन्होंने बोर्ड को संगठन में लाया था, और उनका मानना था कि उन्होंने इसे स्वयं गढ़ा था। अटारी के प्रमुख समर्थक नोलन बुशनेल ने बाद में उन्हें "परेशान करने वाले लेकिन महत्वपूर्ण" के रूप में चित्रित किया, यह बताते हुए कि "वह हर समय कमरे में सबसे समझदार साथी थे, और वह व्यक्तियों को बताएंगे।"

इस अवधि के दौरान, जॉब्स और ब्रेनन दूसरों को देखने के लिए आगे बढ़ते हुए एक दूसरे के साथ जुड़े रहे। 1974 के मध्य तक वह जी रहा

था जिसे ब्रेनन लॉस गैटोस लॉज में "सीधे जीवन" के रूप में दर्शाता है, अटारी में काम कर रहा है, और भारत के अपने आसन्न भ्रमण के लिए नकद अलग कर रहा है।

व्यवसायों ने 1974 के मध्य में भारत की यात्रा की और नीम करोली बाबा से उनके कैंची आश्रम में अपने रीड साथी (और संभावित सेब कार्यकर्ता) डेनियल कोट्टके के साथ मुलाकात की, जो अन्य दुनिया की रोशनी की तलाश में थे। जब वे नीम करोली आश्रम पहुंचे, तो लगभग छोड़ दिया गया था क्योंकि सितंबर 1973 में करोली बाबा का निधन हो गया था। फिर उन्होंने हैदाखान बाबाजी के एक आश्रम में एक सूखी नदी के किनारे एक लंबी यात्रा की।

सात महीने बाद जॉब्स ने भारत छोड़ दिया और डेनियल कोट्टके के सामने वापस अमेरिका आ गए। व्यवसायों ने उनकी उपस्थिति बदल दी थी; उनका सिर मुंडा हुआ था और उन्होंने पारंपरिक भारतीय परिधान पहने थे। इस समय के दौरान, जॉब्स ने मतिभ्रम के बारे में अलग-अलग रास्ते तलाशे, बाद में अपने एलएसडी मुठभेड़ों को "[उसके] जीवन में किए गए कुछ सबसे महत्वपूर्ण चीजों में से एक" कहा। उन्होंने ऑल वन फार्म में एक अवधि बिताई, ओरेगन में एक समुदाय जो रॉबर्ट फ्रीडलैंड के पास था। ब्रेनन उसके साथ कुछ समय के लिए वहाँ गया।

इस अवधि के दौरान, ज़ेन ऐस कोबुन चिनो ओटोगावा के माध्यम से जॉब्स और ब्रेनन दोनों ज़ेन बौद्ध धर्म के विशेषज्ञ बन गए। व्यवसायी अपने माता-पिता की छत पर बने टूलशेड में रह रहे थे, जिसे उन्होंने एक कमरे में बदल दिया था। व्यवसायों ने अमेरिका में सबसे अनुभवी सोतो ज़ेन धार्मिक समुदाय तस्जारा ज़ेन माउंटेन सेंटर में विस्तारित प्रतिबिंब वापसी में भाग लिया। उन्होंने जापान में एहेई-जी में एक धार्मिक घर लेने के बारे में सोचा और ज़ेन के लिए लंबे समय तक सराहना की।

1975 के मध्य में, अटारी में वापस आने के बाद, आर्केड कंप्यूटर गेम ब्रेकआउट के लिए एक सर्किट बोर्ड बनाने के लिए जॉब्स को बाहर कर दिया गया था। बुशनेल के अनुसार, अटारी ने मशीन में मिटाए गए प्रत्येक टीटीएल चिप के लिए यूएस $ 100 की पेशकश की। व्यवसायों के पास सर्कल uit बोर्ड योजना के बारे में न्यूनतम विशेष जानकारी थी

और उन्होंने वोज्नियाक को उनके बीच समान रूप से चार्ज करने के लिए tifniak में quannumberchips को सीमित करने की व्यवस्था की। संभवतः अटारी इंजीनियरों के लिए बहुत आश्चर्य की बात है, वोज्नियाक ने टीटीएल बिल्ड को 46 तक कम कर दिया, एक योजना इतनी करीब कि अनुक्रमिक निर्माण प्रणाली पर फिर से बनाना मुश्किल था। जैसा कि वोज्नियाक ने संकेत दिया था, जॉब्स ने उन्हें बताया कि अटारी ने उन्हें केवल $700 (भुगतान किए गए $5,000 के बजाय) दिया था और इसलिए वोज्नियाक का हिस्सा $350 था। वोज्नियाक को इस तथ्य के एक दशक बाद तक वास्तविक इनाम के बारे में पता नहीं चला, हालांकि साई, डी ने उसे प्रबुद्ध किया था और वांछित नकदी की समझ में आया था, वोज्नियाक ने उसे दे दिया होगा।

व्यवसाय और वोज्नियाक 1975 में होमब्रू कंप्यूटर क्लब की सभाओं में गए, जो प्रमुख ऐप्पल पीसी के कार्यक्रमों और प्रचार के मोड़ के लिए एक साहसिक पत्थर था।

4
एप्पल

""अगर आप समुद्री डाकू हो सकते हैं तो नौसेना में क्यों शामिल हों?""

मार्च 1976 तक, वोज्नियाक ने Apple I PC की मूलभूत योजना को समाप्त कर दिया और इसे जॉब्स को दिखाया, जिन्होंने सिफारिश की कि वे इसे बेच दें; वोज्नियाक पहले तो इस विचार से सावधान थे लेकिन बाद में सहमत हो गए। उसी वर्ष अप्रैल में, जॉब्स, वोज्नियाक और प्रबंधकीय पर्यवेक्षक रोनाल्ड वेन ने 1 अप्रैल, 1976 को जॉब्स के क्रिस्ट ड्राइव होम में एक व्यावसायिक संगठन के रूप में Apple कंप्यूटर कंपनी (जिसे वर्तमान में Apple Inc. कहा जाता है) की स्थापना की। गतिविधि शुरू में शुरू हुई जॉब्स का कमरा और बाद में कारपोर्ट में चला गया। जॉब्स और वोज्नियाक को संगठन के गतिशील आवश्यक साथी लाभार्थियों के रूप में छोड़कर, वेन केवल एक संक्षिप्त समय सीमा के लिए बने रहे। जॉब्स के ओरेगन में ऑल वन फार्म समुदाय से वापस आने के बाद दोनों ने "मैक" नाम पर समझौता किया और वोज्नियाक को होमस्टेड के मैक प्लांटेशन में बिताए अपने समय के बारे में बताया। व्यवसाय शुरू में Apple I की खुली हुई मुद्रित सर्किट शीट वितरित करना चाहते थे और उन्हें पीसी विशेषज्ञों को $50 प्रत्येक के

लिए पेश करना चाहते थे। नकदी इकट्ठा करने के लिए वे सर्किट शीट के प्राथमिक गुच्छा को गढ़ने की उम्मीद करते थे, वोज्नियाक ने अपनी एचपी लॉजिकल एडिंग मशीन बेची और जॉब्स ने अपनी वोक्सवैगन वैन बेची। इसके कुछ समय बाद, पीसी रिटेलर पॉल टेरेल ने ऐप्पल I की 50 पूरी तरह से एकत्रित इकाइयाँ उनसे $ 500 प्रत्येक के लिए खरीदीं। अंत में, लगभग 200 Apple, I PC कुल वितरित किए गए। क्रिस्ट ड्राइव पर एक पड़ोसी ने जॉब्स की समीक्षा एक अजीब व्यक्ति के रूप में की, जो अपने ग्राहकों का स्वागत "अपने कपड़ों के साथ लटके हुए, निर्लज्ज और गैर-अनुरूपतावादी" के साथ कर सकता है। एक अन्य पड़ोसी, लैरी वाटरलैंड, जिसने हाल ही में अपनी पीएच.डी. स्टैनफोर्ड में सिंथेटिक डिजाइनिंग में, जॉब्स के परिपक्व होने वाले व्यवसाय को माफ कर दिया: "'आपने कार्ड पंच किए, उन्हें एक प्रमुख डेक में रखा,' उन्होंने उस समय की केंद्रीकृत कंप्यूटर मशीनों के बारे में कहा। 'स्टीव मुझे कारपोर्ट पर ले गया। उसके पास एक सर्किट था। एक चिप के साथ बोर्ड, एक ड्यूमॉन्ट टीवी सेट, एक पैनासोनिक टेप कैसेट प्लेयर और एक कंसोल। उन्होंने कहा, 'यह एक एप्पल पीसी है।' मैंने कहा, 'आप मजाक कर रहे होंगे।' मैंने पूरी सोच को माफ कर दिया।'" रीड कॉलेज और भारत के जॉब्स के साथी, डैनियल कोट्टके ने समीक्षा की कि एक शुरुआती ऐप्पल कर्मचारी के रूप में, वह "कारपोर्ट में काम करने वाले मुख्य व्यक्ति थे ... वोज़ प्रति सप्ताह एक बार अपने साथ दिखाई देते थे। सबसे हालिया कोड। स्टीव जॉब्स ने उस अर्थ में व्यवसाय का ध्यान नहीं रखा।" कोट्टके ने यह भी व्यक्त किया कि शुरुआती काम का एक महत्वपूर्ण हिस्सा जॉब्स की रसोई में हुआ, जहां उन्होंने संगठन के लिए वित्तीय समर्थकों को ट्रैक करने का प्रयास करने के लिए घंटों टेलीफोन पर काम किया।

पर्यवेक्षक और डिजाइनर माइक मार्ककुला को बढ़ावा देने वाले तत्कालीन अर्ध-इस्तीफा देने वाले इंटेल आइटम से उन्हें सब्सिडी मिली। सन माइक्रोसिस्टम्स के साथी लाभार्थियों में से एक, स्कॉट मैकनेली ने कहा कि जॉब्स ने सिलिकॉन वैली में "कांच की उम्र की छत" को तोड़ दिया क्योंकि उन्होंने जीवन में बहुत ही उपयोगी संगठन बना लिया था।

मार्ककुला ने ऐप्पल को आर्थर रॉक के विचार में ले लिया, जो होम ब्रू कंप्यूटर शो में पैक्ड ऐप्पल स्टॉल पर एक जेंडर लेने के बाद, $ 60,000 के उद्यम के साथ शुरू हुआ और ऐप्पल बोर्ड पर चला गया। व्यवसाय संतुष्ट नहीं थे जब मार्ककुला ने माइक स्कॉट को फरवरी 1977 में नेशनल सेमीकंडक्टर से एप्पल के प्रमुख अध्यक्ष और सीईओ के रूप में कार्य करने के लिए नामांकित किया।

ब्रेनन के भारत दौरे से वापस आने के बाद, वह और जॉब्स एक बार फिर निराश हो गए, क्योंकि ब्रेनन ने उनमें परिवर्तन देखा कि वह कोबुन को श्रेय देती हैं (जिसका वह अभी भी अनुसरण कर रही थीं)। अभी भी ऐसा ही था कि जॉब्स ने अपने लाउंज रूम में ब्रेनन और उनके लोगों के लिए एक मॉडल Apple I PC दिखाया। ब्रेनन ने इस अवधि में एक बदलाव देखा, जहां जॉब्स पर दो प्राथमिक प्रभाव ऐप्पल इंक, कोबुन भी थे। 1977 के मध्य तक, वह और जॉब्स लॉस अल्टोस में ड्यूवेनेक रैंच में अपने घर पर घूमेंगे, जो एक सराय और प्राकृतिक प्रशिक्षण स्थान के रूप में भरा हुआ था।

अप्रैल 1977 में, जॉब्स और वोज्नियाक ने वेस्ट कोस्ट कंप्यूटर फेयर में Apple II प्रस्तुत किया। यह Apple कंप्यूटर द्वारा बेचा जाने वाला प्राथमिक क्रेता वस्तु है। अनिवार्य रूप से वोज्नियाक द्वारा नियोजित, जॉब्स ने अपने आश्चर्यजनक मामले की प्रगति की निगरानी की और रॉड होल्ट ने असाधारण बिजली आपूर्ति को बढ़ावा दिया। नियोजन चरण के दौरान, जॉब्स ने तर्क दिया कि Apple II में दो विकास उद्घाटन होने चाहिए, जबकि वोज्नियाक को आठ की आवश्यकता थी। एक गर्मागर्म विवाद के बाद, वोज्नियाक ने इस बात को कम करके आंका कि जॉब्स को "खुद को एक और पीसी मिल जाना चाहिए"। बाद में उन्होंने आठ स्थानों के साथ जाना चुना। Apple II ग्रह पर प्राथमिक रूप से प्रभावी ढंग से निर्मित माइक्रो कंप्यूटर वस्तुओं में से एक बन गया।

जैसे ही जॉब्स अपने नए संगठन के साथ अगले स्तर पर चले गए, ब्रेनन के साथ उनके संबंध और अधिक जटिल हो गए। 1977 में, Apple की प्रगति वर्तमान में उनके रिश्ते का एक हिस्सा थी, और ब्रेनन, डैनियल

कोट्टके और जॉब्स क्यूपर्टिनो में Apple कार्यालय के करीब एक घर में चले गए। लंबे समय में ब्रेनन ने एप्पल के परिवहन कार्यालय में एक स्थिति ले ली। जैसे-जैसे Apple के साथ उसकी स्थिति विकसित हुई, ब्रेनन का जॉब्स के साथ संबंध कमजोर होता गया, और उसने दोस्ती को खत्म करने के बारे में सोचना शुरू कर दिया। अक्टूबर 1977 में, रॉड होल्ट ने ब्रेनन को करीब से आकर्षित किया, जिन्होंने अनुरोध किया कि वह "सेब के लिए एक भुगतान शिक्षुता योजना की रूपरेखा" लें। होल्ट और जॉब्स दोनों ने स्वीकार किया कि उनकी रचनात्मक क्षमताओं को देखते हुए यह उनके लिए एक अच्छी स्थिति होगी। होल्ट विशेष रूप से चिंतित था कि वह स्थिति लेती है और उसके प्रति उसके झुकाव से चकित थी। फिर भी, ब्रेनन की पसंद को इस बात से ग्रहण लगा कि वह समझ गई थी कि वह गर्भवती है और जॉब्स उसके पिता हैं। उसे जॉब्स को बताने के लिए कुछ दिनों की आवश्यकता थी, जिसका चेहरा, ब्रेनन के अनुसार समाचार में "भयानक हो गया" था। साथ ही, ब्रेनन के अनुसार, अपनी तीसरी तिमाही की शुरुआत में, जॉब्स ने उसके साथ साझा किया: "मुझे यह पूछने की ज़रूरत नहीं थी कि आप भ्रूण को हटा दें। मुझे बस ऐसा करने की कोई इच्छा नहीं थी।" वह उससे प्रेग्नेंसी के बारे में भी बात नहीं करता था। ब्रेनन ने अस्थायी पद को ठुकरा दिया और Apple को छोड़ने का फैसला किया। उसने व्यक्त किया कि जॉब्स ने उससे कहा "यदि आप इस बच्चे को स्वागत के लिए आत्मसमर्पण करते हैं, तो आप दुखी होंगे" और "मैं कभी आपकी मदद नहीं करने जा रहा हूं।" ब्रेनन के अनुसार, जॉब्स ने "लोगों को इस सोच के साथ बीज देना शुरू किया कि मैं आराम कर रहा हूं और वह बंजर था, जिसका अर्थ था कि यह उसका बच्चा नहीं हो सकता।" एक संतान होने के कारण आधे महीने पहले, ब्रेनन का ऑल वन फार्म में अपने बच्चे को लाने के लिए स्वागत किया गया था। उसने प्रस्ताव को स्वीकार किया। उस समय जब जॉब्स 23 वर्ष के थे (जब उनके पास उनके प्राकृतिक अभिभावक थे), ब्रेनन ने 17 मई, 1978 को अपने बच्चे, लिसा ब्रेनन को जन्म दिया। रॉबर्ट फ्रीडलैंड द्वारा पहुंचने के बाद उनके जन्म के लिए व्यवसाय वहां गए, उनके साझा साथी, और रियासत के मालिक।

दूर रहते हुए, जॉब्स ने उसके साथ बच्चे के नाम पर काम किया, जिसे उन्होंने एक कवर पर खेतों में बैठकर जांचा। ब्रेनन ने "लिसा" नाम का प्रस्ताव रखा, जिसे जॉब्स ने भी पसंद किया और देखा कि जॉब्स "लिसा" नाम से बेहद जुड़े हुए थे, जबकि वह "पितृत्व को स्वतंत्र रूप से नकार रहे थे।" उसे बाद में पता चला कि इस समय के दौरान, जॉब्स एक अन्य प्रकार के पीसी को प्रकट करने की योजना बना रहा था जिसे उसे एक महिला नाम देने की आवश्यकता थी (सेंट क्लेयर के बाद उसका सबसे अच्छा विकल्प "क्लेयर" था)। उसने यह भी व्यक्त किया कि उसने उसे कभी भी पीसी के लिए बच्चे का नाम शामिल करने की अनुमति नहीं दी और उसने उससे योजनाओं को छुपाया। इसी तरह व्यवसायों ने उनके समूह के साथ ऐप्पल लिसा के लिए एक वैकल्पिक स्पष्टीकरण के रूप में अभिव्यक्ति, "नेबरहुड इंटीग्रेटेड सॉफ्टवेयर आर्किटेक्चर" को गढ़ने के लिए काम किया। इस तथ्य के कई सालों बाद, किसी भी मामले में, जॉब्स ने अपने जीवनी लेखक वाल्टर इसाकसन के सामने स्वीकार किया कि "स्पष्ट रूप से, यह मेरी लड़की के लिए नामित किया गया था"।

उस समय जब जॉब्स ने पितृत्व से इनकार किया, एक डीएनए परीक्षण ने उन्हें लिसा के पिता के रूप में निर्धारित किया। उसे उम्मीद थी कि वह ब्रेनन को 385 डॉलर प्रति माह देगा और साथ ही उसे मिली सरकारी सहायता राशि भी लौटाएगा। व्यवसायों ने उसे प्रति माह $500 दिया जब Apple ने दुनिया के लिए खोल दिया और जॉब्स एक टाइकून में बदल गया। बाद में, ब्रेनन ने टाइम पत्रिका के लिए माइकल मोरित्ज़ के साथ टाइम पर्सन ऑफ़ द इयर असाधारण के लिए एक बैठक देने की सहमति दी, जिसे 3 जनवरी, 1983 को दिया गया, जिसमें उसने जॉब्स के साथ अपने संबंधों की जांच की। जॉब्स को पर्सन ऑफ द ईयर का नाम देने के बजाय, पत्रिका ने पीसी को "मशीन ऑफ द ईयर" का नाम दिया। इस मुद्दे में, जॉब्स ने पितृत्व परीक्षण की निर्भरता की जांच की (जिसमें व्यक्त किया गया कि "जॉब्स, स्टीवन के लिए पितृत्व की संभावना 94.1% है")। व्यवसायों ने यह तर्क देते हुए उत्तर दिया कि "संयुक्त राज्य अमेरिका की 28% पुरुष आबादी पिता हो सकती है"।

समय ने यह भी देखा कि "बालक युवती और जिस मशीन पर Apple ने भविष्य के लिए इतनी उम्मीदें लगाई हैं, एक समान नाम पेश करते हैं: लिसा"।

1978 में जब वे केवल 23 वर्ष के थे, तब व्यवसायों की कीमत $1 मिलियन से अधिक थी। गेज के अनुसार, जब वह 25 वर्ष के थे, तब उनकी कुल संपत्ति $ 250 मिलियन से अधिक हो गई। वह इसी तरह शायद सबसे युवा व्यक्ति थे "फोर्ब्स को देश के सबसे असाधारण व्यक्तियों की सूची बनाने के लिए - और बिना किसी की मदद के, बिना अर्जित धन के इसे करने वाले एक छोटे से समूह में से एक"।

1982 में, जॉब्स ने द सैन रेमो की मुख्य दो कहानियों पर एक मचान खरीदा, एक मैनहट्टन राजनीतिक रूप से उदारवादी स्थिति के साथ काम कर रहा था। भले ही वह वहां कभी नहीं रहे, लेकिन उन्होंने आई एम पेई की सहायता से इसे फिर से डिजाइन करने में वर्षों का समय बिताया। 2003 में, उन्होंने इसे U2 कलाकार बोनो को पेश किया।

1983 में, जॉब्स ने जॉन स्कली को एप्पल के सीईओ के रूप में कार्य करने के लिए पेप्सी-कोला से दूर कर दिया, पूछताछ की, "क्या आप अपने शेष जीवन को मीठा पानी बेचने का उपयोग करना चाहेंगे, या क्या आप मानते हैं कि एक अवसर दुनिया को प्रभावित करना चाहिए?"

1984 में, जॉब्स ने जैकलिंग हाउस और डोमेन खरीदा और वहां 10 साल तक रहे। उस समय से, उन्होंने इसे 2000 तक काफी लंबे समय के लिए किराए पर दिया, जब उन्होंने घर के साथ रहना छोड़ दिया, जिससे इसे भ्रष्ट करने के लिए जलवायु के लिए खुलेपन की अनुमति मिली। 2004 में, जॉब्स को वुडसाइड शहर से एक अधिक विनम्र समकालीन शैली का निर्माण करने के लिए घर को बर्बाद करने की सहमति मिली। अदालत में कुछ वर्षों के बाद, घर आखिरी बार 2011 में बर्बाद हो गया था, कुछ महीने पहले उसने बाल्टी को लात मारी थी।

व्यवसायों ने 1981 में मैकिंतोश के सुधार में समन्वय करना शुरू किया, जब उन्होंने एप्पल के शुरुआती कार्यकर्ता जेफ रस्किन से कार्य पर नियंत्रण ग्रहण किया, जिन्होंने पीसी (वोज्नियाक, जो रस्किन के साथ कार्यक्रम पर लगभग तुरंत ही घटनाओं के बदले में एक महत्वपूर्ण

प्रभाव डाला था, पर विचार किया था, उस वर्ष से पहले एक विमान दुर्घटना के कारण इस समय के दौरान पास पर था)। 22 जनवरी 1984 को, Apple ने "1984" नाम का एक सुपर बाउल टीवी विज्ञापन प्रसारित किया, जो इन शब्दों के साथ समाप्त हुआ: "24 जनवरी को, Apple कंप्यूटर Macintosh पेश करेगा। इसके अलावा, आप इसका कारण देखेंगे कि 1984 1984 जैसा क्यों नहीं होगा"।" 24 जनवरी, 1984 को, फ्लिंट ऑडिटोरियम में आयोजित एप्पल की वार्षिक निवेशक की बैठक में एक गहन जॉब्स ने मैकिन्टोश को आश्चर्यजनक रूप से उत्साहित भीड़ से परिचित कराया; मैकिन्टोश इंजीनियर एंडी हट्ज़फेल्ड ने इस दृश्य को "विकार" के रूप में चित्रित किया। मैकिन्टोश द लिसा (और ज़ेरॉक्स PARC के माउस-चालित ग्राफिकल UI) पर निर्भर था, और इसे मीडिया द्वारा आम तौर पर समर्थन देने वाले ठोस शुरुआत सौदों के साथ सराहा गया था। इसके बावजूद, पीसी की सुस्त संचालन दर और सुलभ प्रोग्रामिंग के सीमित दायरे ने 1984 के अंतिम भाग में एक त्वरित सौदे को कम करने के लिए प्रेरित किया। स्कली और जॉब्स के संगठन के लिए अलग-अलग सपने काफी भिन्न थे। Apple II जैसे खुले डिज़ाइन वाले पीसी की ओर झुकाव रखने वाले, आईबीएम के मुकाबले निर्देश, निजी उद्यम और घरेलू व्यापार क्षेत्रों को कम शक्तिहीन प्रदान करते हैं। व्यवसायों का मानना था कि आईबीएम पीसी के विपरीत संगठन को बंद डिजाइन मैकिन्टोश को एक व्यावसायिक विकल्प के रूप में शून्य करना चाहिए। अध्यक्ष और सीईओ स्कली के पास जॉब्स मैकिंटोश डिवीजन के बोर्ड के निदेशक पर बहुत कम आदेश था; यह और Apple II डिवीजन ने अलग-अलग संगठनों की तरह काम किया, प्रशासन की नकल की। भले ही इसकी वस्तुओं को 1985 के मध्य में Apple के सौदों का 85% दिया गया था, 1985 की जनवरी 1985 की वार्षिक सभा में Apple II डिवीजन या श्रमिकों का उल्लेख नहीं था। वोज्नियाक सहित कुछ बचे, जिन्होंने व्यक्त किया कि संगठन "पिछले पांच वर्षों में कुछ अस्वीकार्य रास्ते पर चल रहा था" और अपने स्टॉक का एक बड़ा हिस्सा बेच दिया। मैकिन्टोश के लिए Apple II के कर्मचारियों के संगठन (स्वयं जॉब्स की गिनती)

के बहाने से निराश होने के बावजूद, वोज्नियाक ने सामान्य रूप से छोड़ दिया और अपनी मृत्यु तक जॉब्स के साथ फेलोशिप रखते हुए, Apple के एक विशेषाधिकार प्राप्त प्रतिनिधि बने रहे। 1985 के मध्य तक, आईबीएम पीसी पर काबू पाने में मैकिंटोश की अक्षमता स्पष्ट हो गई, और इसने संगठन में स्कली की स्थिति को मजबूत किया। मई 1985 में, स्कली - आर्थर रॉक द्वारा सक्रिय - ने ऐप्पल को फिर से डिजाइन करने का फैसला किया, और बोर्ड को एक व्यवस्था का प्रस्ताव दिया जो मैकिन्टोश सभा से जॉब्स को खत्म कर देगा और उसे "नए उत्पाद विकास" के लिए जिम्मेदार ठहराएगा। यह कदम Apple के अंदर कमजोर नौकरियों को वितरित करेगा। तदनुसार, जॉब्स ने उस समय स्कली को निपटाने और एप्पल पर नियंत्रण संभालने की व्यवस्था को बढ़ावा दिया। इसके बावजूद, व्यवस्था समाप्त होने के बाद जॉब्स खड़े हो गए, और उन्होंने कहा कि वह Apple छोड़ देंगे। बोर्ड ने उनके त्याग को अस्वीकार कर दिया और अनुरोध किया कि वह फिर से जांच करें। स्कली ने जॉब्स को यह भी बताया कि सुधार के साथ आगे बढ़ने के लिए उनके पास प्रत्येक वोट था। इस तथ्य के कुछ महीने बाद, 17 सितंबर, 1985 को जॉब्स ने Apple बोर्ड को त्याग पत्र प्रस्तुत किया। ऐप्पल के पांच और वरिष्ठ प्रतिनिधियों ने भी आत्मसमर्पण कर दिया और जॉब्स को अपनी नई खोज, नेक्स्ट में शामिल कर लिया।

जॉब्स के Apple छोड़ने के बाद Macintosh की लड़ाई जारी रही। हालाँकि प्रदर्शित और फला-फूला, महंगा Macintosh एक कठिन बिक्री थी। 1985 में, बिल गेट्स के तत्कालीन निर्माता संगठन, माइक्रोसॉफ्ट ने मैक एप्लिकेशन बनाने से बाहर निकलने के लिए कदम उठाए, सिवाय इसके कि "मैक वर्किंग फ्रेमवर्क प्रोग्रामिंग के लिए एक परमिट" स्वीकार किया गया था। माइक्रोसॉफ्ट अपने ग्राफिकल यूआई को बढ़ावा दे रहा था ... डॉस के लिए, जो कि यह था विंडोज़ को कॉल करना और यह नहीं माना कि ऐप्पल को विंडोज़ जीयूआई और मैक इंटरफेस के बीच समानता पर मुकदमा करना चाहिए।" स्कली ने Microsoft को वह परमिट स्वीकार कर लिया जिसने बाद में Apple के लिए समस्याएँ खड़ी कर दीं। इसके अलावा, माइक्रोसॉफ्ट प्रोग्रामिंग पर चलने वाले

मामूली आईबीएम पीसी क्लोन और ग्राफिकल यूआई दिखाना शुरू कर दिया। यद्यपि मैकिंटोश क्लोनों से पहले चला गया, यह निर्विवाद रूप से अधिक महंगा था, इसलिए "1980 के दशक के अंतिम भाग के माध्यम से, विंडोज यूआई में सुधार हो रहा था और बाद में इसे ऐप्पल से उत्तरोत्तर अतिरिक्त प्रस्ताव दिया गया था"। विंडोज-आधारित आईबीएम-पीसी क्लोन ने आईबीएम के टॉपव्यू या डिजिटल रिसर्च के जीईएम जैसे अतिरिक्त जीयूआई के सुधार को प्रेरित किया, और इसके परिणामस्वरूप "ग्राफिकल यूआई को कम करके आंका जाने लगा, मैक के सबसे स्पष्ट लाभ को कम कर दिया ... यह स्पष्ट प्रतीत हुआ जैसा कि 1980 के दशक में पता चला था कि Apple पूरे आईबीएम-क्लोन बाजार के खिलाफ अकेले नहीं जा सकता था।"

5

एप्पल से बाहर

"महान काम करने का एकमात्र तरीका यह है कि आप जो करते हैं उससे प्यार करें। अगर आपको यह अभी तक नहीं मिला है, तो देखते रहें। समझौता मत करो।"

1985 में Apple से उनकी स्वीकृति के बाद, जॉब्स ने $7 मिलियन के साथ NeXT Inc. की स्थापना की। एक साल के बाद वह आर्थिक रूप से एक मृत अंत तक पहुंच रहा था, और वह बिना किसी मद के धन की तलाश में था जो बहुत दूर नहीं था। अंत में, जॉब्स ने बेहद अमीर व्यक्ति रॉस पेरोट के विचार में खींच लिया, जिन्होंने संगठन में सख्ती से काम किया। नेक्स्ट पीसी को जॉब्स के रिबाउंड अवसर के रूप में दुनिया के सामने प्रदर्शित किया गया था, एक समृद्ध ग्रीटिंग जस्ट फंक्शन सेंड-ऑफ अवसर जिसे मीडिया तमाशा के रूप में दर्शाया गया था। यह उत्सव बुधवार, 12 अक्टूबर, 1988 को लुईस एम. डेविस सिम्फनी हॉल, सैन फ्रांसिस्को, कैलिफोर्निया में आयोजित किया गया था। स्टीव वोज्नियाक ने 2013 की एक बैठक में कहा था कि जब जॉब्स नेक्स्ट में थे तो वह "वास्तव में अपना सिर एक साथ ले रहे थे"।

नेक्स्ट वर्कस्टेशन को पहली बार 1990 में डिलीवर किया गया था और इसकी कीमत 9,999 अमेरिकी डॉलर थी। Apple लिसा की तरह,

NeXT वर्कस्टेशन यांत्रिक रूप से असाधारण था और प्रशिक्षण क्षेत्र के लिए अभिप्रेत था, फिर भी आमतौर पर शिक्षाप्रद संगठनों के लिए लागत-प्रतिबंधक के रूप में माफ किया गया था। NeXT वर्कस्टेशन अपनी विशिष्ट संपत्तियों के लिए जाना जाता था, उनमें से बॉस इसके लेख ने प्रोग्रामिंग सुधार ढांचे की व्यवस्था की। व्यवसायों ने नेक्स्ट आइटम को मौद्रिक, तार्किक और शैक्षिक स्थानीय क्षेत्र में विज्ञापित किया, जिसमें इसकी कल्पनाशील, खोजपूर्ण नई प्रगति, उदाहरण के लिए, मच टुकड़ा, कम्प्यूटरीकृत सिग्नल प्रोसेसर चिप और अंतर्निहित ईथरनेट पोर्ट शामिल हैं। नेक्स्ट पीसी का उपयोग करते हुए, अंग्रेजी पीसी शोधकर्ता टिम बर्नर्स-ली ने 1990 में स्विट्जरलैंड के सर्न में वर्ल्ड वाइड वेब बनाया।

पुनर्विचार, दूसरे युग का NeXTcube 1990 में वितरित किया गया था। व्यवसायों ने इसे पहले "रिलेशनल" पीसी के रूप में प्रचारित किया जो पीसी को हटा देगा। अपने रचनात्मक NeXTMail मीडिया ईमेल ढांचे के साथ, NeXTcube दिलचस्प ढंग से ईमेल में आवाज, चित्र, चित्र और वीडियो साझा कर सकता है। जॉब्स ने स्तंभकारों से कहा, "रिलेशनल प्रोसेसिंग मानव इंटरचेंज और ग्रुपवर्क को परेशान करेगा"। व्यवसायों ने नेक्स्ट को स्टाइलिश दोषरहितता के निर्धारण के साथ चलाया, जैसा कि नेक्स्टक्यूब के मैग्नीशियम मामले की प्रगति और विचार से सिद्ध होता है। इसने NeXT के उपकरण प्रभाग पर एक व्यापक बोझ डाला, और 1993 में, केवल 50,000 मशीनों की बिक्री के मद्देनजर, NeXT पूरी तरह से NeXTSTEP/Intel के आगमन के साथ प्रोग्रामिंग उन्नति में बदल गया। संगठन ने 1994 में $1.03 मिलियन के अपने सबसे यादगार वार्षिक लाभ का विवरण दिया। 1996 में, NeXT Software, Inc. ने WebObjects, वेब अनुप्रयोग सुधार के लिए एक संरचना प्रदान की। 1997 में Apple Inc. द्वारा NeXT प्राप्त करने के बाद, WebObjects का उपयोग Apple Store, MobileMe व्यवस्थापन और iTunes Store को बनाने और चलाने के लिए किया गया था।

1986 में, जॉब्स ने 10 मिलियन डॉलर की लागत से लुकासफिल्म के

पीसी इलस्ट्रेशन डिवीजन से द ग्राफिक्स ग्रुप (बाद में पिक्सर का नाम बदला) के स्पिनआउट का समर्थन किया, जिसमें से $ 5 मिलियन को पूंजी के रूप में संगठन को दिया गया था और $ 5 मिलियन का भुगतान लुकासफिल्म को नवाचार के लिए किया गया था।

पिक्सर द्वारा अपने डिज़्नी संगठन, टॉय स्टोरी (1995) के साथ दी गई प्रमुख फिल्म, जिसमें जॉब्स को एक प्रमुख निर्माता के रूप में श्रेय दिया गया, ने स्टूडियो को मौद्रिक उपलब्धि और बुनियादी पहचान दिलाई जब इसे वितरित किया गया। जॉब्स के पूरे जीवन में, पिक्सर के नवोन्मेषी बॉस जॉन लैसेटर के तहत, संगठन ने फिल्म उद्योग की हिट ए बग्स लाइफ (1998); टॉय स्टोरी 2 (1999); मॉन्स्टर्स, इंक। (2001); फाइंडिंग निमो (2003); द इनक्रेडिबल्स (2004); कारें (2006); रैटटौइल (2007); वॉल-ई (2008); अप (2009); टॉय स्टोरी 3 (2010); और कारें 2 (2011)। जॉब्स के गुजर जाने के बाद पिक्सर की सबसे यादगार फिल्म डेयरिंग (2012) ने स्टूडियो के प्रति अपनी प्रतिबद्धताओं के लिए उनका सम्मान किया। निमो, द इनक्रेडिबल्स, रैटटौइल, वॉल-ई, अप, टॉय स्टोरी 3 और ब्रेव को ट्रैक करते हुए सर्वश्रेष्ठ एनिमेटेड फीचर के लिए अकादमी पुरस्कार मिला, एक सम्मान 2001 में प्रस्तुत किया गया।

2003 और 2004 में, जब डिज्नी के साथ पिक्सर का समझौता समाप्त हो रहा था, जॉब्स और डिज्नी के सीईओ माइकल आइजनर ने एक और संगठन की व्यवस्था करने के लिए अभी तक उपेक्षित प्रयास किया, और जनवरी 2004 में, जॉब्स ने घोषणा की कि वह भविष्य में कभी भी डिज्नी का प्रबंधन नहीं कर सकते। समझौता समाप्त होने के बाद पिक्सर अपनी फिल्मों को प्रसारित करने के लिए किसी अन्य सहयोगी की तलाश करेगा।

अक्टूबर 2005 में, बॉब इगर ने डिज्नी में आइजनर को हटा दिया, और इगर ने तुरंत जॉब्स और पिक्सर के साथ संबंधों को सुधारने का प्रयास किया। 24 जनवरी, 2006 को, जॉब्स और इगर ने घोषणा की कि डिज़्नी ने पिक्सर को 7.4 बिलियन डॉलर के ऑल-स्टॉक एक्सचेंज में खरीदने के लिए सहमति दी थी। उस समय जब व्यवस्था बंद हो गई,

जॉब्स वॉल्ट डिज़्नी कंपनी के सबसे बड़े एकल निवेशक बन गए, जिनके पास संगठन के स्टॉक का लगभग सात प्रतिशत हिस्सा था। डिज़्नी में व्यवसायों की संपत्ति आइजनर, जिनके पास 1.7% है, और डिज़्नी के रिश्तेदार रॉय ई। डिज़्नी से कहीं अधिक है, जिनके पास 2009 के गुजरने तक संगठन के स्टॉक का लगभग 1% हिस्सा था और जिनकी आइजनर की प्रतिक्रियाएँ - विशेष रूप से उन्होंने डिज़्नी के संबंधों में खटास पैदा की थी। पिक्सर के साथ - आइजनर को हटाने में तेजी आई। समेकन की अंतहीन आपूर्ति, जॉब्स को डिज्नी के 7% शेयर मिले और सबसे बड़े व्यक्तिगत निवेशक के रूप में शासी निकाय में शामिल हो गए। जॉब्स के निधन पर, डिज्नी में उनके हिस्से लॉरेन जॉब्स द्वारा संचालित स्टीवन पी. ऑक्यूपेशन ट्रस्ट में स्थानांतरित कर दिए गए।

जॉब्स के उत्तीर्ण होने के बाद 2019 में इगर ने समीक्षा की कि कई लोगों ने उन्हें जॉब्स के बारे में आगाह किया, "कि वह मुझे और हर दूसरे व्यक्ति को खतरे में डाल देंगे"। इगर ने व्यक्त किया, "कौन विश्वास नहीं करेगा कि स्टीव जॉब्स का इस बात पर प्रभाव होना चाहिए कि एक संगठन कैसे चलाया जाता है?", और यह कि डिज़्नी बोर्ड के एक कार्यशील भाग के रूप में "उन्होंने शायद ही कभी मेरे लिए असुविधा की हो। हालांकि कभी भी एक बार लंबे समय में नहीं"। उन्होंने यह सिद्धांत दिया कि वे वास्तव में डिज़्नी को समेकित करने के बारे में सोचते होंगे और Apple के पास जॉब्स रहते थे। पिक्सर के फ़्लॉइड नॉर्मन ने जॉब्स को एक "पूर्ण विकसित, सहज व्यक्ति" के रूप में चित्रित किया, जिन्होंने कभी भी निर्माताओं के अभिनव प्रवाह को बाधित नहीं किया। जून 2014 की शुरुआत में, पिक्सर के सहयोगी और वॉल्ट डिज़्नी एनिमेशन स्टूडियो के अध्यक्ष एड कैटमुल ने खुलासा किया कि जॉब्स ने एक बार उन्हें संघर्षों में "बस उनके लिए इसे तब तक साफ़ करने" के लिए प्रोत्साहित किया जब तक कि वे इसे प्राप्त नहीं कर लेते। कैटमुल ने 2014 में क्रिएटिविटी, इंक. पुस्तक दी, जिसमें वह जॉब्स के साथ काम करने के विभिन्न मुठभेड़ों से संबंधित है। नौकरियों के प्रबंधन के अपने तरीके के बारे में, कैटमुल लिखते हैं:

स्टीव के साथ 26 वर्षों में से हर एक में, स्टीव और मेरे पास कभी भी इन

शोर-शराबे वाले मौखिक विवादों में से एक नहीं था और ऐसा करने की मेरी प्रवृत्ति नहीं है। ... किसी भी मामले में, हम चीजों के बारे में जितनी बार संभव हो यथोचित रूप से भिन्न होते हैं। ... मैं सहमत हूं कि उसे कुछ और वह तुरंत उसे मार डालेगा क्योंकि वह मुझसे ज्यादा जल्दी सोच सकता था। ... मैं तब सात दिनों तक खड़ा रहूंगा ... मैंने उसे मारा था और जो उसने कहा था उसके लिए मैं अपना प्रतिवाद देता हूं और वह तुरंत इसे नष्ट कर देगा। इसलिए मुझे एक और सप्ताह तक खड़े रहने की जरूरत थी, और यह काफी लंबे समय तक बार-बार होता रहा। फिर भी, अंत में, तीन चीजों में से एक हुई। लगभग 33% बार उन्होंने कहा, 'दयालु, मैं समझ गया, आप सही कह रहे हैं।' और वह उसका अंत था। इसके अलावा, यह उस समय का एक तिहाई और था जिसमें [मैं] कहूँगा, 'वास्तव में मुझे लगता है कि वह सही है।' दूसरी बार, जब हम सहमत नहीं थे, तो उन्होंने मुझे वैसा ही करने दिया जैसा मैं चाहूंगा और इसके बारे में गंभीरता से कुछ नहीं कहा।

6
एप्पल में वापसी

""सफल होने के भारीपन को फिर से एक शुरुआत करने वाले के हल्केपन से बदल दिया गया था।"

1996 में, Apple ने बताया कि वह NeXT को $427 मिलियन में खरीदेगा। यह व्यवस्था फरवरी 1997 में समाप्त हो गई थी, जॉब्स को उस संगठन में वापस ले जाना, जिसे उन्होंने स्थापित करने में मदद की थी। जुलाई 1997 में तत्कालीन सीईओ गिल अमेलियो को निष्कासित किए जाने के बाद व्यवसाय सच्चे मालिक बन गए। उन्हें आधिकारिक तौर पर 16 सितंबर को बीच-बीच में सीईओ नामित किया गया था। मार्च 1998 में, ऐप्पल के प्रयासों को लाभ पर वापस लाने पर ध्यान केंद्रित करने के लिए, जॉब्स ने कुछ उपक्रमों को समाप्त कर दिया, जैसे न्यूटन, साइबरडॉग और ओपनडॉक। बहुत पहले, कई श्रमिकों ने लिफ्ट में सवारी करते समय नौकरियों का अनुभव करने के प्रति भय की भावना को बढ़ावा दिया, "आशंकित है कि प्रवेश मार्ग खुलने पर उनके पास शायद कुछ काम नहीं होगा। सच्चाई यह थी कि जॉब्स के रैंडडाउन निष्पादन पेचीदा थे, फिर भी एक छोटा गुच्छा हताहतों की संख्या पूरे संगठन को धमकी देने के लिए पर्याप्त थी।" जॉब्स ने मैकिन्टोश क्लोन के लिए अनुमति कार्यक्रम को बदल दिया, जिससे उत्पादकों के लिए

मशीन बनाना बहुत महंगा हो गया।

NeXT के अधिग्रहण के साथ, संगठन के नवोन्मेष के एक महत्वपूर्ण हिस्से ने Apple आइटम में अपनी दिशा को ट्रैक किया, सबसे प्रमुख रूप से NeXTSTEP, जो Mac OS X में विकसित हुआ। जॉब्स के निर्देशन में, संगठन ने अनिवार्य रूप से iMac और अन्य की प्रस्तुति के साथ सौदों का विस्तार किया। नई वस्तुएं; उस बिंदु से आगे, आकर्षक योजनाओं और मजबूत अंकन ने Apple के लिए सराहनीय रूप से कार्य किया है। 2000 मैकवर्ल्ड एक्सपो में, जॉब्स ने औपचारिक रूप से ऐप्पल में अपने शीर्षक से "ब्रेक" संशोधक को हटा दिया और लंबे समय तक चलने वाले सीईओ बन गए। व्यवसायों ने उस समय मजाक में कहा था कि वह "iCEO" शीर्षक का उपयोग करेंगे।

इस तरह से संगठन ने अन्य उन्नत उपकरणों को प्रस्तुत, प्रस्तुत और उन्नत किया। आईपॉड बहुमुखी संगीत प्लेयर, आईट्यून्स उन्नत संगीत प्रोग्रामिंग, और आईट्यून्स स्टोर की प्रस्तुति के साथ, संगठन ने खरीदार हार्डवेयर और संगीत फैलाव के लिए परिचय दिया। 29 जून, 2007 को, Apple ने iPhone, एक बहु-संपर्क शो फोन की प्रस्तुति के साथ PDA व्यवसाय में प्रवेश किया, जिसमें एक iPod के तत्वों को भी शामिल किया गया और, अपने बहुमुखी कार्यक्रम के साथ, पोर्टेबल पर्यूज़िंग दृश्य को बदल दिया। ओपन-फिनिश्ड उन्नति का समर्थन करते हुए, जॉब्स ने भी अपने प्रतिनिधियों को याद दिलाया कि "वास्तविक विशेषज्ञ परिवहन"।

डेल कंप्यूटर के सीईओ माइकल डेल के साथ व्यवसायों का सार्वजनिक संघर्ष था, जिसकी शुरुआत 1987 में हुई थी जब जॉब्स ने मूल रूप से "अन-रचनात्मक बेज बॉक्स" बनाने के लिए डेल को फटकार लगाई थी। 6 अक्टूबर 1997 को, एक गार्टनर संगोष्ठी में, जब डेल से पूछा गया कि वह क्या करेगा, यदि वह पीड़ित एप्पल कंप्यूटर संगठन चलाता है, तो उसने कहा: "मैं इसे बंद कर दूंगा और नकद वापस दे दूंगा। निवेशक।" फिर, 2006 में, जॉब्स ने सभी प्रतिनिधियों को एक ईमेल भेजा जब Apple का बाजार पूंजीकरण डेल से आगे निकल गया। इसे पढ़ें:

समूह, यह पता चला कि माइकल डेल आने वाले समय की भविष्यवाणी करने में त्रुटिपूर्ण था। वर्तमान प्रतिभूति विनिमय को देखते हुए, Apple की कीमत डेल से अधिक है। स्टॉक सब खत्म हो जाते हैं, और कल स्थिति अलग हो सकती है, फिर भी मुझे लगा कि यह आज प्रतिबिंब का एक स्नैपशॉट है। स्टीव।

व्यवसायों का सम्मान किया गया और प्रभाव और अनुनय में उनकी सर्वोत्कृष्ट विशेषज्ञता के लिए जांच की गई, जिसे "सत्य उत्परिवर्तन क्षेत्र" का नाम दिया गया है और मैकवर्ल्ड एक्सपोज़ और ऐप्पल वर्ल्डवाइड डेवलपर्स सम्मेलनों में उनके फीचर प्रवचनों (जिसे "स्टीव नोट्स के रूप में जाना जाता है) के दौरान विशेष रूप से स्पष्ट था।

व्यवसाय आमतौर पर इस्से मियाके, लेवी के 501 लेविस और न्यू बैलेंस 991 जूते द्वारा बनाए गए गहरे लंबे बाजू वाले झूठे टर्टलनेक पहनकर काम पर चले गए। व्यवसायों ने अपने जीवनी लेखक वाल्टर इसाकसन को बताया "... वह अपने लिए एक वर्दी रखना पसंद करने लगे, दोनों अपने दिन-प्रतिदिन के आराम (जिस तर्क की उन्होंने गारंटी दी थी) और एक चिह्नित शैली को व्यक्त करने की क्षमता के कारण।"

ऑक्यूपेशनास 1999 से 2002 तक गैप इंक. में बोर्ड का हिस्सा था।

2001 में, जॉब्स ने $18.30 की गतिविधि लागत के साथ Apple के 7.5 मिलियन हिस्से में निवेश के अवसरों को स्वीकार किया। यह कहा गया था कि विकल्प पूर्ववत थे, एक प्रचार कि गतिविधि लागत $ 21.10 होनी चाहिए थी। यह अतिरिक्त रूप से पुष्टि की गई थी कि जॉब्स ने परिणामस्वरूप $ 20,000,000 का उपलब्ध वेतन दिया था, जिसकी उन्होंने रिपोर्ट नहीं की थी और यह कि Apple ने अपनी आय को उस समान राशि से बढ़ा दिया था। इस प्रकार, जॉब्स को संभवतः कुछ आपराधिक दंडों और सामान्य दंडों से निपटना पड़ा। मामला गतिशील लॉब्रेकर और आम सरकारी परीक्षाओं का विषय था, हालांकि, 29 दिसंबर, 2006 को समाप्त हुई एक स्वायत्त आंतरिक ऐप्पल परीक्षा ने यह सुनिश्चित किया कि पदों को इन मुद्दों के बारे में कुछ भी नहीं पता था और 2003 में अभ्यास किए बिना उन्हें दिए गए विकल्पों को वापस कर दिया गया था। .

2005 में, जॉब्स ने अप्रैल में क्यूपर्टिनो में ऐप्पल की वार्षिक सभा में प्राकृतिक और विभिन्न प्रमोटरों पर हमला करके अमेरिका में ई-स्कैंडर के लिए ऐप्पल के दुर्भाग्यपूर्ण पुन: उपयोग कार्यक्रमों के विश्लेषण का जवाब दिया। इस तथ्य के आधे महीने बाद, Apple ने घोषणा की कि वह अपने खुदरा स्थानों पर iPods को निःशुल्क पुनः प्राप्त करेगा। कंप्यूटर टेकबैक अभियान का उत्तर स्टैनफोर्ड विश्वविद्यालय के स्नातक स्तर की पढ़ाई के ऊपर एक विमान से एक पेनांट उड़ाकर दिया गया था, जिस पर जॉब्स दीक्षा वक्ता थे। पताका पढ़ा "स्टीव, एक छोटे पैमाने के खिलाड़ी मत बनो - सभी ई-व्यर्थ का पुन: उपयोग करें।"

2006 में, उन्होंने Apple के पुन: उपयोग की परियोजनाओं को किसी भी अमेरिकी क्लाइंट के लिए विस्तारित किया जो दूसरा Mac खरीदता है। इस कार्यक्रम में उनके पुराने ढांचे को वितरित करना और "पारिस्थितिकी तंत्र को हटाने के लिए हानिकारक" शामिल है। Apple की असाधारण वस्तुओं और प्रशासनों की प्रगति ने स्थिर मौद्रिक रिटर्न का काफी समय दिया, जिससे Apple 2011 में दुनिया के सबसे मूल्यवान सार्वजनिक रूप से कारोबार करने वाले संगठन में बदल गया। व्यवसायों को एक अनुरोधित उपद्रव बजट के रूप में देखा गया था जो आम तौर पर विकास और शैली पैटर्न की भविष्यवाणी और सेटिंग करके डेटा नवाचार उद्योग की अग्रिम पंक्ति में अपने संगठनों और उनकी वस्तुओं को व्यवस्थित करने की मांग करता था। उन्होंने आइस हॉकी खिलाड़ी वेन ग्रेट्ज़की का हवाला देते हुए जनवरी 2007 में मैकवर्ल्ड सम्मेलन और एक्सपो में अपने फीचर प्रवचन की समाप्ति की ओर इस आत्म-विचार को संक्षेप में प्रस्तुत किया:

एक पुराना वेन ग्रेट्ज़की उद्धरण है जो मुझे पसंद है। "मैं स्केट करता हूं कि पक कहां होगा, न कि जहां यह रहा है।" और हमने आम तौर पर Apple में ऐसा करने का प्रयास किया है। अविश्वसनीय से, शुरू। इसके अलावा, हम आम तौर पर करेंगे।

1 जुलाई 2008 को, Apple निदेशालय के कुछ व्यक्तियों के खिलाफ कथित सुरक्षा जबरन वसूली के आलोक में आय के नुकसान के लिए US$7 बिलियन का क्लास-एक्शन मुकदमा दर्ज किया गया था।

जीवनी लेखक वाल्टर इसाकसन के साथ 2011 की एक बैठक में, जॉब्स ने खुलासा किया कि वह अमेरिकी राष्ट्रपति बराक ओबामा से मिले थे, देश में कंप्यूटर प्रोग्रामर की कमी के बारे में बड़बड़ाया, और ओबामा को बताया कि वह "एक-अवधि के प्रशासन की ओर सेट थे"। व्यवसायों ने सिफारिश की कि किसी भी अपरिचित छात्र को अमेरिकी कॉलेज में विज्ञान प्रमाणन प्राप्त करने के परिणामस्वरूप ग्रीन कार्ड की पेशकश की जानी चाहिए। सभा के बाद, जॉब्स ने टिप्पणी की, "राष्ट्रपति बेहद जानकार हैं, फिर भी उन्होंने हमारे लिए इस बात का औचित्य बनाना जारी रखा कि चीजें खत्म क्यों नहीं हो सकतीं ... यह मुझे परेशान करता है।"

7
अंतिम समय

""यह मेरे मंत्रों में से एक रहा है - ध्यान और सरलता।
सरल जटिल से कठिन हो सकता है: अपनी सोच को सरल
बनाने के लिए आपको कड़ी मेहनत करनी होगी। लेकिन
अंत में यह इसके लायक है क्योंकि एक बार वहां पहुंचने के
बाद, आप पहाड़ों को हिला सकते हैं।"

अक्टूबर 2003 में, जॉब्स को बीमारी होने का पता चला था। 2004 के मध्य में, उन्होंने अपने कार्यकर्ताओं को घोषणा की कि उनके अग्न्याशय में कैंसर है। अग्नाशय की बीमारी का अनुमान आम तौर पर बेहद खराब होता है; जॉब्स ने व्यक्त किया कि उनके पास एक असामान्य, काफी कम शक्तिशाली किस्म है, जिसे आइलेट सेल न्यूरोएंडोक्राइन ग्रोथ के रूप में जाना जाता है।

अपनी खोज के बावजूद, जॉब्स ने अपने प्राथमिक देखभाल चिकित्सकों के नैदानिक मध्यस्थता के प्रस्तावों का लंबे समय तक विरोध किया, न कि संक्रमण को कम करने के लिए वैकल्पिक दवा पर निर्भर रहने के लिए। हार्वर्ड के वैज्ञानिक रामजी अमरी के अनुसार, वैकल्पिक उपचार के उनके निर्णय ने "एक व्यर्थ प्रारंभिक मृत्यु को प्रेरित किया"। अन्य विशेषज्ञों का मानना है कि जॉब्स के खान-पान से उनकी बीमारी का

समाधान नहीं हो रहा था। इसके बावजूद, घातक विकास विशेषज्ञ और वैकल्पिक दवा पंडित डेविड गोर्स्की ने लिखा है कि "यह जानना मुश्किल है कि क्या वह आकर्षण के साथ अपनी बीमारी को सहन करने की अपनी संभावनाओं को कम कर सकता था। मेरा सबसे यथार्थवादी अनुमान यह था कि जॉब्स ने शायद विनम्रतापूर्वक अपनी क्षमता को कम कर दिया था। सहनशक्ति की संभावनाएं अगर वह।" मेमोरियल स्लोन केटरिंग कैंसर सेंटर के इंटीग्रेटिव मेडिसिन डिवीजन के प्रमुख बैरी आर। कैसिलेथ ने फिर से कहा, "वैकल्पिक दवा में विश्वास की स्थिति शायद उनके जीवन की कीमत थी ... उनके पास मुख्य प्रकार की अग्नाशय की बीमारी थी जो उपचार योग्य और मरम्मत योग्य है ... उसने सब खत्म कर दिया।" जॉब्स के जीवनी लेखक, वाल्टर इसाकसन के अनुसार, "काफी लंबे समय तक वह अपनी अग्नाशय की बीमारी के लिए एक चिकित्सा प्रक्रिया से नहीं गुजरेंगे - एक विकल्प जिसे उन्होंने बाद में अपनी भलाई में गिरावट के रूप में देखा"। "सभी बातों पर विचार किया गया, उन्होंने एक वेजी प्रेमी आहार, सुई चिकित्सा, प्राकृतिक इलाज और वेब पर देखी गई अन्य दवाओं का प्रयास किया, और आश्चर्यजनक रूप से, एक फकीर को सलाह दी। वह भी एक विशेषज्ञ केंद्र से प्रभावित हुआ जिसने जूस आहार, अंतःस्राव को प्रेरित किया। सफाई, और अन्य संदिग्ध तरीके, लंबे समय से पहले जुलाई 2004 में एक चिकित्सा प्रक्रिया होने से पहले।" वह एक पैनक्रियाटिकोडोडोडेनेक्टॉमी (या "व्हीपल रणनीति") से गुज़रा जो कैंसर को प्रभावी ढंग से खत्म करने के लिए प्रतीत होता था। व्यवसायों को कीमोथेरेपी या विकिरण उपचार नहीं मिला। जॉब्स की गैर-मौजूदगी के दौरान, Apple में समग्र सौदों और गतिविधियों के प्रमुख, टिम कुक ने संगठन चलाया।

जनवरी 2006 तक, जस्ट जॉब्स के महत्वपूर्ण अन्य, उनके पीसीपी, और इगर और उनके बेहतर आधे ने महसूस किया कि उनकी घातक वृद्धि वापस आ गई थी। व्यवसायों ने इगर को गुप्त रूप से बताया कि वह 2010 में अपने बच्चे रीड के माध्यमिक विद्यालय के स्नातक स्तर की पढ़ाई को देखने के लिए जीना पसंद करेंगे। अगस्त 2006 की शुरुआत में, जॉब्स ने ऐप्पल के वार्षिक वर्ल्डवाइड डेवलपर्स सम्मेलन

के लिए इस सुविधा से अवगत कराया। उनकी "कमजोर, व्यावहारिक रूप से पतली" उपस्थिति और असामान्य रूप से "उनींदा" वाहन, उनके फीचर के बड़े हिस्से को विभिन्न मध्यस्थों को नामित करने के उनके निर्णय के साथ, उनकी भलाई की स्थिति के बारे में मीडिया और वेब परिकल्पनाओं के एक बवंडर को प्रेरित किया। इसके विपरीत, एक Ars Technica डायरी रिपोर्ट के अनुसार, वर्ल्डवाइड डेवलपर्स कॉन्फ्रेंस (WWDC) के प्रतिभागियों ने, जिन्होंने जॉब्स को आमने-सामने देखा, उन्होंने कहा कि वह "ठीक लग रहे थे"। विशेष रुप से चर्चा के बाद, Apple के एक प्रतिनिधि ने कहा कि "स्टीव की भलाई शक्तिशाली है।"

दो वर्षों के बाद, तुलनात्मक चिंताओं ने जॉब्स के 2008 WWDC फीचर एड्रेस का अनुसरण किया। मैक अधिकारियों ने व्यक्त किया कि जॉब्स एक "विशिष्ट बग" के शिकार थे और एंटी-माइक्रोबियल ले रहे थे, जबकि अन्य ने अनुमान लगाया कि उनकी कैशेक्टिक उपस्थिति व्हिपल तकनीक के कारण थी। Apple के मुनाफे की जांच करते हुए जुलाई के एक टेलीफोन कॉल के दौरान, सदस्यों ने जॉब्स की भलाई के बारे में पूछताछ का जवाब देते हुए मांग की कि यह एक "गोपनीय मामला" था। दूसरों ने कहा कि निवेशकों ने अपने संगठन को चलाने के लिए जॉब्स के शामिल तरीके को देखते हुए अधिक जानने का विकल्प सुरक्षित रखा। जॉब्स के साथ एक निजी टेलीफोन चर्चा को देखते हुए, द न्यूयॉर्क टाइम्स ने विस्तार से बताया, "जबकि उनके चिकित्सा मुद्दों ने 'एक विशिष्ट बग' की तुलना में काफी अधिक जोड़ा, वे खतरनाक नहीं थे और उन्हें बीमारी की पुनरावृत्ति नहीं हुई थी।"

28 अगस्त, 2008 को, ब्लूमबर्ग ने गलती से अपने कॉर्पोरेट समाचार प्रशासन में जॉब्स की 2500-शब्द श्रद्धांजलि वितरित की, जिसमें उनकी उम्र और मृत्यु के कारण के लिए स्पष्ट स्थान थे। समाचार ट्रांसपोर्टर आमतौर पर एक उल्लेखनीय व्यक्ति के गुजरने की स्थिति में समाचार प्रसारण के साथ काम करने के लिए आधुनिक स्तुति आरक्षित करते हैं। यद्यपि गलती को तुरंत ठीक कर दिया गया था, कई समाचार ट्रांसपोर्टरों और वेब पत्रिकाओं ने इसके बारे में विवरण प्रदान किया, जॉब्स की भलाई के बारे में अफवाहों को बढ़ा दिया। Apple के सितंबर

2008 लेट्स रॉक फीचर में ऑक्यूपेशन्स ने मार्क ट्वेन को संक्षेप में प्रस्तुत किया: "मेरे निधन की रिपोर्ट को बहुत गलत तरीके से प्रस्तुत किया गया है।" एक परिणामी मीडिया अवसर पर, जॉब्स ने "110/70" पर एक स्लाइड के साथ अपने शो को बंद कर दिया, जो उनके परिसंचरण तनाव की ओर इशारा करते हुए व्यक्त किया गया था कि वह अपनी भलाई के बारे में और पूछताछ का समाधान नहीं करेंगे।

16 दिसंबर, 2008 को, ऐप्पल ने बताया कि विज्ञापन वीपी फिल शिलर मैकवर्ल्ड सम्मेलन और एक्सपो 2009 में संगठन के अंतिम फीचर पते को फिर से बताएंगे, जॉब्स की भलाई से संबंधित पूछताछ को फिर से बहाल करेंगे। 5 जनवरी 2009 को Apple.com पर दिए गए एक स्पष्टीकरण में, जॉब्स ने कहा कि वह बहुत लंबे समय से "रासायनिक असमानता" का अनुभव कर रहे थे।

14 जनवरी 2009 को, जॉब्स ने Apple के एक आंतरिक नोटिस में लिखा था कि पहले सप्ताह में उन्होंने "पता लगाया था कि मेरी भलाई से संबंधित मुद्दे आश्चर्यजनक रूप से हैरान करने वाले हैं"। उन्होंने जून 2009 के बाकी दिनों के लिए छह महीने के समय की सूचना दी, ताकि उन्हें अपनी भलाई के बारे में अधिक आसानी से शून्य करने की अनुमति मिल सके। टिम कुक, जो हाल ही में जॉब्स की 2004 की गैर-उपस्थिति में सीईओ के रूप में गए थे, ऐप्पल के कार्यकारी सीईओ बन गए, जिसमें जॉब्स "प्रमुख महत्वपूर्ण विकल्पों" से जुड़े थे।

2009 में, टिम कुक ने अपने जिगर के एक टुकड़े को जॉब्स के लिए बढ़ाया, क्योंकि दोनों एक असामान्य रक्त वर्गीकरण प्रदान करते हैं और योगदानकर्ता यकृत इस तरह की गतिविधि के बाद ऊतक को ठीक कर सकता है। व्यवसायों ने शोर मचाया, "मैं तुम्हें कभी ऐसा करने की अनुमति नहीं दूंगा। मैं ऐसा कभी नहीं करूंगा।"

अप्रैल 2009 में, मेम्फिस, टेनेसी में मेथोडिस्ट यूनिवर्सिटी हॉस्पिटल ट्रांसप्लांट इंस्टीट्यूट में जॉब्स का लीवर ट्रांसफर हुआ। व्यवसायों की प्रत्याशा को "अभूतपूर्व" के रूप में दर्शाया गया था।

17 जनवरी, 2011 को, लीवर स्थानांतरण के बाद जॉब्स के काम पर वापस आने के अठारह महीने बाद, Apple ने बताया कि उन्हें एक

नैदानिक समय दिया गया था। व्यवसायों ने श्रमिकों को एक पत्र में अपना पास घोषित किया, इसे "इसलिए वह अपनी पसंद को व्यक्त करने के लिए अपनी भलाई पर शून्य कर सकता था"। जैसा कि 2009 के उनके क्लिनिकल अवकाश के समय हुआ था, Apple ने घोषणा की कि टिम कुक रोज़मर्रा के कार्य करेंगे और जॉब्स संगठन में प्रमुख महत्वपूर्ण विकल्पों के साथ जुड़े रहेंगे। छुट्टी पर रहते हुए, जॉब्स ने 2 मार्च को iPad 2 के प्रेषण अवसर पर, 6 जून को आईक्लाउड पेश करने वाले WWDC की सुविधा और 7 जून को क्यूपर्टिनो सिटी काउंसिल के सामने दिखाया।

24 अगस्त, 2011 को, जॉब्स ने बोर्ड के संपर्क में रहते हुए, ऐप्पल के सीईओ के रूप में अपने त्याग की सूचना दी, "मैंने लगातार व्यक्त किया है कि अगर कोई ऐसा दिन आता है जब मैं वर्तमान में ऐप्पल के सीईओ के रूप में अपने दायित्वों और मान्यताओं को पूरा नहीं कर सकता, तो मैं करूंगा आपको बताने के लिए जल्दी करो। दुख की बात है कि वह दिन आ गया है।" जॉब्स बोर्ड के प्रशासक बन गए और टिम कुक को सीईओ के रूप में उनके प्रतिस्थापन के रूप में नामित किया। Apple के डेढ़ महीने बाद उसके गुजरने से एक दिन पहले तक व्यवसाय काम करता रहा।

व्यवसायों ने उनके पालो ऑल्टो, कैलिफ़ोर्निया, घर में दोपहर 3 बजे के आसपास बाल्टी को लात मारी। (पीडीटी) 5 अक्टूबर, 2011 को, उनके हाल ही में इलाज किए गए आइलेट-सेल अग्नाशयी न्यूरोएंडोक्राइन विकास की एक बैकस्लाइड से जटिलताओं के कारण, जिसने श्वसन पर कब्जा कर लिया। वह दूसरे दिन बाहर निकल गया था और अपने आधे, बच्चों और बहनों के साथ बाल्टी को लात मारी। उनकी बहन, मोना सिम्पसन ने उनके निधन को इस प्रकार चित्रित किया: "स्टीव के अंतिम शब्द, घंटे पहले, एक अक्षर थे, कई बार दोहराए गए। बसने से पहले अपनी बहन पैटी पर एक नज़र डालते थे, फिर कुछ समय के लिए अपने युवाओं पर, फिर अपने समय पर आत्मा साथी, लॉरेन, और बाद में उनके कंधों पर उनके पीछे। स्टीव के अंतिम शब्द थे: 'गंभीर अच्छाई। दयालु अच्छाई। दयालु अच्छाई।'" वह उस समय, ब्लैक आउट

हो गया और इस तथ्य के कुछ घंटों बाद गुज़र गया। 7 अक्टूबर, 2011 को एक छोटी सी गोपनीय दफन सेवा को लटका दिया गया था, जिसकी सूक्ष्मताओं का खुलासा जॉब्स के परिवार को ध्यान में रखते हुए नहीं किया गया था।

Apple और Pixar दोनों ने उनके निधन की घोषणा की। ऐप्पल ने लगभग उसी समय रिपोर्ट किया कि उनके पास सार्वजनिक सहायता के लिए कोई डिज़ाइन नहीं था, फिर भी "शुभचिंतकों" को ऐसे संदेश प्राप्त करने के लिए बनाए गए ईमेल पते पर अपने पहचान संदेश भेजने के लिए सशक्त बना रहा था। ऐप्पल और माइक्रोसॉफ्ट दोनों ने अपने अलग-अलग केंद्रीय कमान और मैदानों के माध्यम से आधे कर्मचारियों पर अपने बैनर फहराए।

वीव इगर ने वॉल्ट डिज़नी वर्ल्ड और डिज़नीलैंड सहित सभी डिज़नी संपत्तियों से 6 से 12 अक्टूबर, 2011 तक आधे कर्मचारियों पर अपने बैनर उड़ाने का अनुरोध किया। उनके निधन के बाद लंबे समय तक, ऐप्पल ने अपने कॉर्पोरेट वेब वेबपेज पर एक मूल पृष्ठ दिखाया, जिसमें दिखाया गया था जॉब्स का नाम और जीवन प्रत्याशा उनकी ग्रेस्केल तस्वीर के करीब है। 19 अक्टूबर, 2011 को, Apple के प्रतिनिधियों ने क्यूपर्टिनो में Apple के मैदान पर जॉब्स के लिए एक गोपनीय स्मरणोत्सव प्रशासन आयोजित किया। व्यवसायों की विधवा, लॉरेन, कुक, बिल कैंपबेल, नोरा जोन्स, अल गोर और कोल्डप्ले के साथ-साथ भागीदारी में थीं। एपल के रिटेल स्टोर्स का एक हिस्सा पल भर के लिए बंद हो जाता है ताकि कर्मचारी याद में जा सकें। मदद का एक वीडियो एपल की साइट पर ट्रांसफर किया गया।

कैलिफोर्निया के गवर्नर जेरी ब्राउन ने रविवार, 16 अक्टूबर, 2011 को "स्टीव जॉब्स डे" के रूप में घोषित किया। उस दिन स्टैनफोर्ड यूनिवर्सिटी में ग्रीटिंग जस्ट रिमेम्बर का आयोजन किया गया था। भाग लेने वालों में Apple और अन्य तकनीकी संगठन के नेता, मीडिया के व्यक्ति, प्रसिद्ध लोग, जॉब्स के प्रिय साथी, और विधायक, जॉब्स के प्रियजनों के साथ शामिल थे। बोनो, यो मा और जोन बेज ने मदद पर प्रदर्शन किया, जो 60 मिनट से अधिक समय तक चला। कॉलेज के प्रवेश मार्ग

की कल्पना के किसी भी खंड द्वारा मॉनिटर के साथ, और एक क्षेत्र समाचार स्टेशन से एक हेलीकॉप्टर उड़ते हुए, गहराई से सहायता प्राप्त की गई थी। प्रत्येक प्रतिभागी को जॉब्स की ओर से "अलविदा उपहार" के रूप में मिट्टी के रंग का एक छोटा सा बॉक्स दिया गया था। इस मामले में परमहंस योगानंद द्वारा लिखित एक योगी की आत्मकथा का डुप्लिकेट था।

पोषित साथी और व्यक्तिगत Apple प्रधान समर्थक स्टीव वोज्नियाक, पिक्सर के पिछले मालिक, जॉर्ज लुकास, पिछले प्रतिद्वंद्वी, माइक्रोसॉफ्ट के साथी दाता बिल गेट्स, और राष्ट्रपति बराक ओबामा सभी ने उनके निधन के कारण दावे की पेशकश की।

उनकी याचना के अनुसार, पालो ऑल्टो में मुख्य गैर-सांप्रदायिक दफन मैदान, अल्टा मेसा मेमोरियल पार्क में एक सादे कब्र में जॉब्स को कवर किया गया है।

7 अक्टूबर, 2021 को, Apple ने जॉब्स के निधन के 10वें स्मरणोत्सव पर एक स्मारक YouTube वीडियो दिया।

8
निजी जीवन

> *"जो लोग जानते हैं कि वे किस बारे में बात कर रहे हैं, उन्हें पावर प्वाइंट की आवश्यकता नहीं है।"*

1989 में, जॉब्स ने शुरू में अपने भावी जीवनसाथी, लॉरेन पॉवेल से मुलाकात की, जब उन्होंने स्टैनफोर्ड ग्रेजुएट स्कूल ऑफ बिजनेस में एक भाषण दिया, जहाँ वह एक समझदार थीं। इस अवसर के कुछ ही समय बाद, उन्होंने व्यक्त किया कि लॉरेन "ऑडिटोरियम में पहली पंक्ति में बहुत दूर नहीं थी, और मैं उससे अपनी आँखें नहीं हटा पा रहा था ... अपनी विचार प्रक्रिया को गलत करता रहा, और कुछ रोमांचित महसूस करने लगा। " बातचीत के बाद, जॉब्स उसके साथ पार्किंग गैरेज में गए और रात के खाने के लिए उसका स्वागत किया। वहाँ से, वे उसके जीवन के अंत तक, कुछ मामूली विशेष मामलों के साथ एक साथ थे।

नए साल के दिन 1990 में "नए चुने हुए जंगली फूलों की एक मुट्ठी" के साथ व्यवसायों का प्रस्ताव दिया गया था। उन्होंने 18 मार्च, 1991 को योसेमाइट नेशनल पार्क के अहवाहनी होटल में एक बौद्ध समारोह में शादी की। जॉब्स के पिता, पॉल और उनकी बहन मोना सहित पचास व्यक्ति शामिल हुए। इस सेवा का नेतृत्व जॉब्स के मास्टर, कोबुन चिनो ओटोगावा ने किया। वेजी लवर वेडिंग केक योसेमाइट्स हाफ डोम जैसा

दिख रहा था, और शादी एक चढ़ाई के साथ समाप्त हुई (जिस दौरान लॉरेन के भाई-बहनों के बीच स्नोबॉल लड़ाई हुई)। व्यवसायों को मोना के साथ साझा करने के लिए जिम्मेदार माना जाता है: "आप देखते हैं, मोना [...], लॉरेन जो नमथ से फिसल गया है, और जॉन मुइर से गिर गया है।"

व्यवसाय और पॉवेल का सबसे यादगार बच्चा, रीड, सितंबर 1991 में दुनिया में लाया गया था। व्यवसायों के पिता, पॉल ने इस तथ्य के 18 महीने बाद, 5 मार्च, 1993 को बाल्टी को लात मारी। एक युवा घर के रूप में व्यवसायों का जीवन एक छुट्टी का हिस्सा है। स्पॉट और अब तक उसकी सौतेली माँ (पॉल की अगली पत्नी), मर्लिन जॉब्स द्वारा दावा किया जाता है।

व्यवसाय और पॉवेल के दो अतिरिक्त युवा थे, एरिन, जिसे अगस्त 1995 में दुनिया में लाया गया, और ईव को मई 1998 में दुनिया में लाया गया। परिवार पालो ऑल्टो, कैलिफ़ोर्निया में रहता था। एक स्तंभकार, जो निजी तौर पर बड़ा हुआ, ने उसे "पालो ऑल्टो में सबसे भयावह [हैलोवीन] अलंकरणों के साथ घर रखने के रूप में याद किया ... मुझे उसे देखकर याद नहीं आया। मैं डरने के बीच में था।"

एक टाइकून के बावजूद, जॉब्स ने इसके बारे में यह बात फैलाई कि बिल गेट्स के समान, उन्होंने निर्दिष्ट किया था कि उनके वित्तीय भाग्य का बड़ा हिस्सा उनके बच्चों को नहीं दिया जाएगा। इन नवाचार प्रमुखों ने एक और रक्त-संबंधी क्षेत्र भी साझा किया: दोनों पुरुषों ने अपने बच्चों के प्रवेश, उम्र की फिटिंग, आभासी मनोरंजन, पीसी गेम और इंटरनेट तक सीमित कर दिया।

क्रिसैन ब्रेनन इस बात पर ध्यान देते हैं कि जब जॉब्स को ऐप्पल से बाहर कर दिया गया था, तो उनके और लिसा के प्रति "उनके व्यवहार के तरीके के लिए उन्हें कई बार खेद हुआ"। वह अतिरिक्त रूप से व्यक्त करती है कि जॉब्स ने "कहा कि उसने कभी दायित्व नहीं लिया जब उसे होना चाहिए था और वह दुखी था"। इस बिंदु पर, जॉब्स ने लिसा के साथ एक के लिए ताकत के क्षेत्रों को बढ़ावा दिया था और जब वह नौ साल की थी, तो जॉब्स का नाम "लिसा ब्रेनन" से "लिसा ब्रेनन-जॉब्स" में बदलकर

विश्व घोषणा के परिचय पर रखा गया था। इसके अलावा, जॉब्स और ब्रेनन ने सह-माता-पिता लिसा के साथ एक कामकाजी रिश्ते को बढ़ावा दिया, एक बदलाव ब्रेनन ने अपनी हाल ही में ट्रैक की गई प्राकृतिक बहन, मोना सिम्पसन (जिसने लिसा और जॉब्स के बीच संबंध को ठीक करने का प्रयास किया) के प्रभाव को श्रेय दिया। व्यवसायों ने मोना को पहली बार विश्व मां, जोआन शिएबल सिम्पसन से अपना परिचय खोजने के बाद पाया, जब उन्होंने एप्पल छोड़ दिया।

किसी भी मामले में, उनकी माँ क्लारा के जीवनकाल में, व्यवसायों ने विश्व परिवार से उनके परिचय से संपर्क नहीं किया। वह बाद में अपने अधिकार के जीवनी लेखक वाल्टर इसाकसन को बताएंगे: "मैंने कभी विश्वास नहीं किया [पॉल और क्लारा] को ऐसा महसूस करना चाहिए जैसा कि मैंने उन्हें अपने लोगों के रूप में नहीं सोचा था, क्योंकि वे मेरे लोग थे [...] कि मैंने कभी नहीं माना कि उन्हें मेरी खोज के बारे में पता होना चाहिए, और जब उनमें से किसी को पता चला तो मैंने स्तंभकारों को भी शांत रखा।" हालांकि, 1986 में, जब जॉब्स 31 वर्ष के थे, क्लारा ने फेफड़ों में एक सेलुलर टूटने के लिए निर्धारित किया था। उसने उसके साथ बहुत अधिक ऊर्जा का निवेश करना शुरू कर दिया और उसके अनुभव और उसके स्वागत, डेटा के बारे में अधिक जानकारी प्राप्त की, जिसने उसे अपनी प्राकृतिक माँ को ट्रैक करने के लिए प्रेरित किया। दुनिया के लिए उनके परिचय पर व्यवसायों ने सैन फ्रांसिस्को विशेषज्ञ के नाम की घोषणा की, जिसे शिबल ने गर्भवती होने पर बदल दिया था। यद्यपि विशेषज्ञ ने जीवित रहते हुए जॉब्स की मदद नहीं की, उन्होंने अपने निधन पर जॉब्स को खोलने के लिए एक पत्र पारित किया। जैसे ही कुछ समय बाद उनका निधन हो गया, जॉब्स को वह पत्र दिया गया जिसमें व्यक्त किया गया था कि "उनकी माँ विस्कॉन्सिन से एक अविवाहित पूर्व छात्र थी, जिसका नाम जोआन शिएबल था।"

1986 के मध्य में क्लारा के गुजर जाने के बाद और अपने पिता पॉल से प्राधिकरण मिलने के बाद ही व्यवसाय शिएबल तक पहुँच गए। इसी तरह, पॉल को ध्यान में रखते हुए, उसने मीडिया से कहा कि वह अपना पीछा न छुपाए। व्यवसायों ने व्यक्त किया कि उन्हें रुचि और

आवश्यकता दोनों से विश्व माँ से अपना परिचय खोजने के लिए राजी किया गया था "यह जाँचने के लिए कि क्या वह ठीक है और उसके लिए धन्यवाद कहने के लिए क्योंकि मैं खुश हूँ कि मैं भ्रूण को हटाने की तरह हवा नहीं कर रहा था। वह 23 साल की थी और उसने मुझे पाने के लिए बहुत कुछ किया।" शिएबल उनकी सबसे यादगार सभा के दौरान व्यक्तिगत थी (हालाँकि वह Apple या जॉब्स के हिस्से की ऐतिहासिक पृष्ठभूमि के बारे में उत्सुक थी) और उसे बताएं कि वह स्वागत पत्रों को चिह्नित करने के लिए विवश थी। उसने कहा कि उसने उसे आत्मसमर्पण करने के लिए खेद व्यक्त किया और बार-बार उससे माफी मांगी। व्यवसाय और शिएबल अपने शेष जीवन के दौरान एक अच्छी तरह से निपटाए गए रिश्ते को बढ़ावा देंगे और क्रिसमस को एक साथ बिताएंगे।

इस पहली मुलाकात के दौरान, शिएबल ने जॉब्स को बताया कि उसकी एक बहन मोना है, जो नहीं जानती थी कि उसका एक भाई है। उस समय शिएबल ने उन्हें न्यूयॉर्क में मिलने के लिए तैयार किया, जहां मोना ने काम किया था। जॉब्स के बारे में उनकी प्रारंभिक भावना यह थी कि "वह बिल्कुल सीधे और सुंदर थे, बस एक विशिष्ट और मधुर व्यक्ति थे।" सिम्पसन और जॉब्स ने उस समय एक दूसरे को जानने के लिए लंबी चहलकदमी की। व्यवसायों ने बाद में उनके जीवनी लेखक को बताया कि "मोना पहली बार में मुझे अपने जीवन में पाने के लिए उत्साहित नहीं थी और अपनी माँ को मेरे प्रति इतना कोमल बना दिया ... जैसा कि हम एक दूसरे को जानते थे, हम वास्तव में पुराने दोस्त बन गए, और वह मेरे प्रियजन हैं। मुझे नहीं पता कि मैं उसके बिना क्या संभाल सकता हूं। मैं एक बेहतर बहन की कल्पना नहीं कर सकता। मेरी आलिंगन बहन, पैटी, और मैं शायद ही कभी करीब थे। "

व्यवसायों ने तब अपने परिवार के वंश को शिक्षित किया। रिसेप्शन के लिए आत्मसमर्पण करने के आधे साल बाद, शिएबल के पिता का निधन हो गया, उन्होंने जंदली से शादी की, और उनकी एक छोटी लड़की मोना थी। जंडाली कहते हैं कि अपनी पीएच.डी. वह काम करने के लिए सीरिया वापस आ गया और इस अवधि के दौरान शिएबल ने उसे छोड़ दिया (वे

1962 में अलग हो गए)। वह यह भी व्यक्त करते हैं कि अलगाव के बाद कुछ समय के लिए उनका मोना से संपर्क टूट गया:

मैं भी अपनी छोटी बच्ची से दूर रहने का दायित्व वहन करता हूं जब वह चार साल की थी, क्योंकि जब मैं सीरिया गया तो उसकी माँ मुझसे अलग हो गई, फिर भी हम 10 साल बाद पहुंचे। जब उसकी माँ चली गई तो हमने फिर से संपर्क खो दिया और मुझे नहीं पता था कि वह कहाँ थी, हालाँकि काफी समय पहले से हम लगातार संपर्क में हैं, और मैं उसे हर साल तीन बार देखता हूँ। मैंने उसके पिछले साल सीरिया और लेबनान की यात्रा के लिए एक भ्रमण का समन्वय किया और वह फ्लोरिडा के एक रिश्तेदार के साथ गई।

इस तथ्य के कुछ साल बाद, शिएबल ने एक आइस स्केटिंग शिक्षक, जॉर्ज सिम्पसन से शादी की। मोना जंदली ने अपने सौतेले पिता का अंतिम नाम लिया और इस तरह मोना सिम्पसन बन गईं। 1970 में, अपने बाद की पत्नी से अलग होने के बाद, शिएबल मोना को लॉस एंजिल्स ले गई और उसे अकेले ही पाला।

जब सिम्पसन को पता चला कि उनके पिता, अब्दुलफत्ताह जंडाली, सैक्रामेंटो, कैलिफ़ोर्निया में रह रहे हैं, तो जॉब्स ने उन्हें इकट्ठा करने की बहुत कम परवाह की क्योंकि उन्होंने स्वीकार किया कि जंदाली ने अपने बच्चों के साथ अच्छा व्यवहार नहीं किया। सिम्पसन अकेले सैक्रामेंटो गया और जंडाली से मिला, जो एक छोटे से भोजनालय में काम करता था। जंडाली और सिम्पसन ने कुछ घंटों का प्रतिनिधित्व किया, इस दौरान उसने उसे बताया कि उसने भोजनालय व्यवसाय के लिए निर्देश देना छोड़ दिया है। उन्होंने यह भी कहा कि उन्होंने और शिएबल ने स्वागत के लिए एक और बच्चे की पेशकश की थी, लेकिन "हम भविष्य में उस बच्चे को कभी नहीं देखेंगे। वह बच्चा चला गया है।" जॉब्स के अनुसार, सिम्पसन ने जंडाली को यह नहीं बताया कि वह उसके बच्चे से मिली है। जंडाली ने आगे सिम्पसन को बताया कि वह एक बार सैन जोस के पास एक भूमध्यसागरीय भोजनालय से निपटता था और "सभी उपयोगी नवाचार व्यक्ति वहां आते थे। वास्तव में, यहां तक कि स्टीव जॉब्स भी ... कृपालु, निस्संदेह, वह आते थे, और वह एक प्यारा साथी

और एक प्रमुख टिपर था।"

यात्रा की हवा पकड़ने के बाद, नौकरियों की समीक्षा की गई "यह आश्चर्यजनक था ... मैं उस भोजनालय में एक दो बार गया था, और मैं मालिक से मिला था। वह सीरियाई था। गंजा हो रहा था। हमने हाथ मिलाया।" हालाँकि, जॉब्स को जंदाली से मिलने की कोई इच्छा नहीं थी क्योंकि "उस समय तक मैं एक अमीर आदमी था, और मुझे उस पर बहुत कम या कोई विश्वास नहीं है कि मुझे मजबूर करने या इसके बारे में प्रेस में जाने का प्रयास न करें .. मैंने मोना से कहा कि वह उसे मेरे बारे में शिक्षित न करें।" जांडाली ने बाद में एक वेब-आधारित ब्लॉग के माध्यम से जॉब्स के साथ अपने संबंधों का पता लगाया। फिर वह उस समय सिम्पसन पहुंचे और पूछा कि "स्टीव जॉब्स के बारे में यह क्या है?" सिम्पसन ने उन्हें बताया कि यह मान्य था और बाद में टिप्पणी की, "मेरे पिताजी व्यावहारिक और एक प्यारे कथाकार हैं, फिर भी वे बेहद अलग हैं ... वह कभी स्टीव तक नहीं पहुंचे।" क्योंकि सिम्पसन ने खुद अपनी सीरियाई जड़ों की जांच की और परिवार के लोगों से मिलना शुरू किया, उसने स्वीकार किया कि जॉब्स को अंततः अपने पिता से मिलना होगा, हालांकि, वह कभी नहीं करेगा। इसी तरह व्यवसायों ने उनकी सीरियाई विरासत या मध्य पूर्व में कभी दिलचस्पी नहीं दिखाई। सिम्पसन ने अपने 1992 के उपन्यास द लॉस्ट फादर में अपने पिता की खोज का काल्पनिक चित्रण किया। मालेक जंडाली उनके चचेरे भाई हैं।

धन्यवाद

Follow us on Instagram and Twitter on
@TheInfoEdgePub
For any queries, drop us a mail at
infoedgecorp@gmail.com

www.ingramcontent.com/pod-product-compliance
Lightning Source LLC
LaVergne TN
LVHW041557070526
838199LV00046B/2012
* 9 7 9 8 8 8 7 3 3 4 5 6 1 *